U0886652

20世纪中国科学口述史
The Oral History of Science in 20th Century China Series

干福熹

无怨无悔的选择

——干福熹口述自传

Regretless Choice: the Oral Autobiography of Gan Fuxi

湖南教育出版社

《20世纪中国科学口述史》丛书编委会

主　编：樊洪业

副主编：王扬宗　黄楚芳

编　委（按音序）：

樊洪业　黄楚芳　李小娜　王扬宗　熊卫民

杨　舰　杨虚杰　张大庆　张　藜

2011年干福熹先生在威尼斯穆拉诺玻璃博物馆门口

主编的话

以挖掘和抢救史料为急务

自文艺复兴以来，西方经过宗教改革、世界地理大发现、科学革命和产业革命，建立了资本主义主导的全球市场和近代文明。在此过程中，科学技术为社会发展提供了最强大的动力，其影响至20世纪最为显著。

在从传统社会向近代社会的转型中，国人知识结构的质变，第一代科学家群体的登台，与世界接轨的科学体制的建立，现代科学技术学科体系的形成与发展，乃至以“两弹一星”为标志的一系列重大科技成就的取得，都发生在20世纪。自1895年严复喊出“西学格致救亡”，至1995年中共中央、国务院确定“科教兴国”的国策，百年中国，这“科学”是与“国运”紧密关联着的。百年中国的科学，也就有太多太多的行进轨迹需要梳理，有太多太多的经验教训需要总结。

关于20世纪中国历史的研究，可能是格于专业背景方面的条件，治通史的学者较少关注科学事业的发展，专习20世纪科学史者起步较晚，尚未形成气候。无论精治通史的大家学者，或是研习专史的散兵游勇，都共同面临着一个难题——史料的缺乏。

史料，是治史的基础。根据20世纪中国科学史研究的特点，搜求新史料的工作主要涉及文字记载、亲历记忆、图像资料和实物遗存这四个方面。

20 世纪对于我们，望其首已遥不可及，抚其尾则相去未远。亲身经历过这个世纪科学事业发展且作出过重要贡献的科学家和领导干部，大都已是高龄。以 80 岁左右的老人为例，他们在少年时代亲历抗日战争，大学毕业于共和国诞生之初，而国家科学事业发展的黄金十年时期（1956—1966）则正是他们施展才华、奉献青春、燃烧激情的岁月。这些留存在记忆中的历史，对报刊、档案等文字记载类史料而言，不仅可以大大填补其缺失，增加其佐证，纠正其讹误，而且还可以展示为当年文字所不能记述或难以记述的时代忌讳、人际关系和个人的心路历程。科学研究过程中的失败挫折和灵感顿悟，学术交流中的辩争和启迪，社会环境中非科学因素的激励和干扰等等，许多为论文报告所难以言道者，当事人的记忆却有助于我们还原历史的全景。

湖南教育出版社欲以承担挖掘和抢救亲历记忆类史料为己任，于 2006 年启动了《20 世纪中国科学口述史》丛书的工作计划，在学界前辈和同道的支持下，成立了丛书编委会，于科学史界和科学记者群中招兵买马，认真探索采访整理工作规范和成书体例。通过多方精诚合作，在近两年中已出版图书 20 种，得到了学术界和读者的认可。

近年兴起的口述史（Oral History）热潮，强调采访者的责任，强调采访者与受访者之间的互动，强调留下“有声音的历史”。不过，口述史内容的“核心”是“被提取和保存的记忆”（唐纳德·里奇《大家来做口述历史》）。把记忆于头脑中的信息提取出来，方法上有口述与笔述之差别，但就获取的内容而言，并无实质性的差别。因此，本丛书当前在积极组织从事口述史采访队伍的同时，也积极动员资深科学家撰写回忆文本，作为“笔述系列”纳入到本丛书中来。

科学，作为一种社会事业，除科学研究之外，还包括科学教育、科学组织、科学管理、科学出版、科学普及等各个领域，与此相关的人物和专题皆可列入选题。

本丛书根据迄今践行的实际情况，在大致统一编辑规范的基础上，将书稿划分为5种体例：

1. 口述自传——以第一人称主述，由访问者协助整理。

2. 人物访谈录——以问答对话方式成文。

3. 自述——由亲历者笔述成文。

4. 专题访谈录——以重大事件、成果、学科、机构等为主题，做群体访谈。

5. 旧籍整理——选择符合本丛书宗旨的国内外已有文本重新编译出版。

形式服务于内容，还可视实际需要而增加其他体例。

受访者与访问整理者，同为口述史成品的作者。忆述内容应以亲历者的科学生涯和有关活动为主线展开，强调以人带史，以事系史，忆述那些自己亲历亲闻的重要人物、机构和事件，努力挖掘科学事业发展历程中的鲜活细节。

书中开辟“背景资料”栏，列入相关文献，尤其注重未经披露的史料，同时还要求受访者提供有历史价值的图片。这些既是为了有助于读者能更好地理解忆述正文的内容，也是为了使全书尽可能地发挥“富集”史料的作用。

有必要指出，每个人都会受到学识、修养、经验、环境的局限，尤其是人生老来在记忆力方面的变化，这些会影响到对史实忆述的客观性，但不能因此而否定口述史的重要价值。书籍、报刊、档案、日记、信函、照片，任何一类史料都有它们各自的局限性。参与口述史工作的受访者和访问者，即便是能百分之百做到“实事求是”，也不能保证因此而成就一部完整的信史。按名家唐德刚先生在《文学与口述历史》一文中的说法，口述史“并不是一个人讲一个人记的历史，而是口述史料”。史学研究自有其学术规范，不仅要用各种史料相互参证，而且面对每种史料都要经历一个“去粗取精，去伪存真”的过程。本丛书捧给大家看的，都是可供研究 20 世纪中国科学史的史料，囿限于斯，珍贵亦于斯。

受访者口述中出现的历史争议，如果不能在访谈过程中得以澄清或解决，可由访问者视需要而酌情加以必要的注释和说明。若对某些重要史实有不同的说法，则尽可能存异，不强求统一，并可酌情做必要的说明或考证。因此，读者不必视为定论，可以质疑、辨伪和提出新的史料证据。

本丛书将认真遵循求真原则和史学规范，以挖掘和抢救史料为急务，搜求各种亲历回忆类史料，推动 20 世纪中国科学史的研究！

欢迎各界朋友供稿或提供组稿线索，诚望识者的批评指教。谨以此序告白于 20 世纪中国科学史的研究者和爱好者。

樊洪业

2011 年元月于中关村

无怨无悔的选择
——干福熹口述自传

Regretless Choice: the Oral Autobiography of Gan Fuxi

CONTENTS 目录

无怨无悔的选择
——干福熹口述自传
Regretless Choice: the Oral Autobiography of Gan Fuxi

自 序

光阴荏苒，岁月催人，风雨沧桑，悲喜交集，转眼我已进入耄耋之年。在此时，回首自己人生走过的历程，往事历历在目，倍感亲切和欣慰。我出身贫寒，早年丧父，母亲辛勤劳动，培养我长大，其中还有兄、姐皆为我中途辍学，牺牲自己前途，供我继续求学，使我终生难忘。我出生在旧社会，成长在新中国，感受着祖国风风雨雨的发展历程；见证了共和国的光学事业从无到有的艰难崛起。在我的求学年代的中学、大学和研究生学习阶段，均受到多位恩师的指引和教诲，我铭记在心，获得有益的感悟、借鉴与启迪。我深感自己一生取自社会，立志更应该回报社会。

我20岁（1952年）从浙江大学化工系毕业，进入中国科学院工作，从事光学玻璃的试制研究。23岁被选派到苏联科学院学习材料物理学。回国后，转入基础科学研究，系统地研究玻璃的物质结构、光学和光谱学性质，以及它们和化学成分的关系，开创了激光玻璃的研究。年至50岁后，又进入信息存储领域，开拓光信息存储介质材料和存储技术的研究。在六十年的科研生涯中，我能聊以自慰的是，我用忠诚和汗水实现了自己的科学梦。有幸得到老伴邓佩珍的悉心关照、陪伴，与我甘苦相济、风雨同舟四十七载，一起携手走过坎坷的科研道路。个人生活挫折和十年动乱没有压垮我们，在彼此相守与共进中，始终认认真真做人，踏踏实实做学问，坚守我们的科学生涯和理念。

人到中年，我钟情科学研究又分身乏术，理智地急流勇退，选择辞去一切行政领导职位，专心投入学术研究中。近三十年来，我对自己的科学人生感到充实与满足。我一生追求多学科交叉与融合，从年轻时期我致力把物理学和材料科学相结合，终使我能够获得从光学玻璃、激光玻璃到光子学玻璃的飞跃。而今到了老年，我又投入探索把自然科学和人文科学相融合，开展了古代玻璃的研究。我一辈子与玻璃研究为伴，悉心解读玻璃的今生，追溯玻璃的前世。我对一生的追求与选择，充满信念而无怨无悔。

老年丧偶，是我人生道路上的一次地震，悲哀至极而曾无所适从。后有幸与颜宝新女士结成良缘，助我再次走上科研征途，她帮我收集起人生和科研道路上的点滴往事资料。更感谢我的老友黄振发、方无忌伉俪为我从杂乱的回忆记载中精心整理出一本完整的“口述自传”。以文为证，以史为鉴，把我一生的回忆和老年人的一些感悟奉献给大家，作为我对社会的致谢。

干福熹

2012年6月于上海

无怨无悔的选择
——干福熹口述自传
Regretless Choice: the Oral Autobiography of Gan Fuxi

引　言

玻璃，这种日常生活中的人工材料，是人们再熟悉不过的东西，如果追溯它的历史，最早出现在公元前20—前15世纪的古巴比伦和古埃及，距今已有四千多年。然而，作为玻璃中的一个品种系列——光学玻璃，则始于18世纪初，因为作为各种光学仪器的重要核心材料，最初是取之于自然界的天然晶体，如水晶、萤石、方解石等。但是，这些天然材料的资源毕竟有限，而且不能满足许多仪器的特殊要求，所以，需要在人工制造玻璃的基础上，发展新的玻璃材料——光学玻璃。

国际上，人工制造光学玻璃从一开始就被披上了十分神秘的色彩，尤其在玻璃的配方和熔制工艺上完全受到了高度的垄断，致使中国在近代光学技术发展史上留下一段长长的空白。新中国成立后，在王大珩、龚祖同等老一代科学家的带领下，迅速地开展光学玻璃研制和生产，随后不断地发展，并走向领域前沿。

干福熹先生，是新中国培养出来的第一批大学毕业生。正是由于选择了国家的需要，从跨进中国科学院的那天起，就与玻璃打了一辈子交道。当年，在老一辈科学家龚祖同先生的指导下，在开拓我国光学玻璃研制的领域中，以干福熹先生为组长的光学玻璃熔炼组，成功地熔制出我国第一埚光学玻璃，填补了我国长期没有光学玻璃的空白。随后又研制出光学玻璃的系列产品，为我国的光学工业提供了第一批急需的光学玻璃。同时，建立了我国自己的光学玻璃研制基地，彻底打破了国际封锁，为推进我国光学玻璃产业的建立发挥了重要的作用。干福熹先生还为国防急需承担了耐辐射光学玻璃的试制任务，并研制了我国第一代耐辐射光学玻璃系列，应用于我国的核试验中。当国际上第一台红宝石激光器问世后，干福熹先生便立即投入开展我国激光材料的研究，首先抓住激光玻璃材料，在与美国相差不到一年的时间，研制成功了掺钕硅酸盐激光玻璃，建成了我国第一台钕玻璃激光器，使我国的激光技术跨入世界先进行列。随着光电子技术的兴起，干福熹先生又一次捕捉到机遇，专心致力于开拓光电信息新领域，以玻璃技术和基础研究为依托，开展了光子学玻璃的研究，实现了一生中从光学玻璃、激光玻璃到光子学玻璃的飞跃。2001 年，他被国际玻璃协会授予“终身成就奖”。六十年的科学生涯，他的追求和选择，都是出于由衷的感悟，坚定的信念，虽然经历了不同时期、不同方面的挫折，但他始终无怨无悔。

干福熹先生出身贫寒，经受过旧社会的苦难。他在新中国接受教育和培养，并在成长过程中得到几位恩师的帮助，使他能够有今天的成就，他对知遇之恩永不忘怀。在这本口述自传中，干福熹先生表述了他见证共和国光学事业从无到有、艰难崛起的亲身经历和感受，同时，也反映了他的学术思想和治学之道。正如其“自序”中所言：他一生追求多学科交叉与融合，年轻时致力于把物理学和材料科学相结合；当中年时，光电子技术兴起，他把光电子技术应用于信息科学；到了老年，又投入探索把自然科学和人文科学相结合。

他的代表性著作《光学玻璃》、《无机玻璃物理性质计算和成分设计》、《玻璃的光学和光谱性质》、《光子学玻璃及应用》、《超长波长红外光纤通信》、《数字光盘存储技术》、《中国古代玻璃技术发展》、《丝绸之路上的古代玻璃研究》等，都获得了国家的重要奖项，在国内外产生了极大的影响。这些著作有如一幅学术人生的谱带，全面系统地映射出干福熹先生为光学和材料科学研究倾注的心血和闪光的智慧。

干福熹先生与老伴邓佩珍风雨同舟47载，不管是遇到家庭生活的挫折，还是十年动乱的冲击和迫害，都没有压垮他们，“在彼此相守与共进中，始终认认真真做人，踏踏实实做学问”。他们携手走过科研道路，共同书写“激光材料”的人生，堪称科学界中比翼双飞的“模范佳侣”。今天与大家见面的《干福熹口述自传》中许多珍贵的历史照片，是由邓佩珍研究员生前收藏整理的。干先生也想借此书表达他对老伴的真挚怀念之情。

我有幸追随干先生左右多年，言传身教，受益良多。此次协助先生整理口述自传，频频往返于京沪之间，更窥得先生学术人生中先前未知的细节，感触也更深。我尽力按《20世纪中国科学口述史》丛书的规范，整理先生的口述史料，但由于个人水平所限且多年辍笔，未见得成稿能符合要求，还望读者批评指正。

黄振发

2012年8月于北京

我出生的地方是在京杭大运河入口处的上城区斗富二桥，后来搬到了佑圣观路梅花碑附近，现在的“梅石园”就是在梅花碑的旧址上修复起来的旧处景观。历史记载，梅花碑始建于南宋绍兴年间，1988年杭州市上城区第八届人民代表大会第二次会议通过决定，修复今天的“梅石园”。我小时候的家就在梅花碑南侧。因为它是见证和伴随我度过了童年、少年、青年的地方，所以至今还使我久久地眷恋。

第1章 家乡和家世

生我养我的地方

我出生在浙江省杭州市，自 1932 年 12 月 29 日（壬申年十二月初三）呱呱落地，到 1952 年大学提前毕业后，分配到东北长春工作，整整有十九个春秋与寒暑，一刻也没有离开过这块深情的土地——生我养我的地方。孩童时，我就知道杭州是个美丽幽静的风景城市。随着社会和历史的变迁，自己在慢慢成长，不管我走

梅石园大门

到哪里，故乡——杭州在我心中永远留下不可磨灭的印象。现在杭州已成为国家重点风景旅游城市和历史文化名城。

我出生的地方是在京杭大运河入口处的上城区斗富二桥，后来搬到了佑圣观路梅花碑附近，现在的“梅石园”就是在梅花碑的旧址上修复起来的旧处景观。历史记载，梅花碑始建于南宋绍兴年间，1988 年杭州市上城区第八届人民代表大会第二次会议通过决定，修复今天的“梅石园”。我小时候的家就在梅花碑南侧。因为它是见证和伴随我度过了童年、少年、青年的地方，所以至今还使我久久地眷恋。

贫寒的家庭

我祖上原籍是在余姚，祖父干连生年轻时从老家余姚到杭州参加太平军而留在杭州，后来以做皮匠绱鞋为生。到我这辈可以说是祖孙三代生活在杭州，所以填写履历时就以杭州为籍贯了。

父亲干炳炎从小在杭州一家百货店当学徒，以后成为该店的进货伙计。抗日战争开始后失业，后来就在杭州斗富二桥东弄自己开了一家杂货店，卖些香烟、糖果、花生等小商品，经济十分拮据，在贫困中维持家庭的生活，

父亲干炳炎（1876—1943）

母亲蔡怀喆（1887—1973）

一生都在辛劳中度过。幸好母亲蔡怀喆勤劳，能干些手工副业，补贴家用。母亲年轻时就学会“磨锡箔”的手艺，她每天除了操劳家务外，还要帮父亲经营杂货店，一到晚上就干起“磨锡箔”的活，挣点小钱来补贴家里日常开支。

母亲是一个非常贤惠的家庭主妇，对丈夫、对子女都作出了无私的奉献。母亲一生共生育了八个儿女（四男四女），46岁时才生我，我是家里最小的一个。长子、次子、长女未成年已夭折，留下的有二个姐姐和一个哥哥。大姐在我还未出世时已出嫁，后早年去世，我从未见过。二姐在我6岁时也病逝，留下唯一的儿子，就是我的外甥王慧麟，只比我小3岁。陪伴我度过童年和少年的是我的小哥哥干福泰，大我9岁；小姐姐干秀珍，比我大3岁。

我出生之时已国难当头，在我刚刚懂事的时候（四五岁），爆发淞沪战争。日本飞机常飞临杭州上空，警报声响，我们就躲进盖了棉被的八仙桌下，当时幼小的我还不知战争的可怕，幼稚地觉得躲进桌下很好玩。当日本侵略军进入杭州城，我们全家逃难到杭州郊区半山乡下大表哥（陆九生）家。这里是出产梅子和蚕丝的地方，我跟在小哥哥、小姐姐后面，到桑树和梅树底下奔跑的景象，至今还记忆犹新。

1942年我与哥哥干福泰和姐姐干秀珍合影

1943年，我刚满10岁，父亲积劳成疾病逝，家庭经济发生巨大变化。为了维持我们家的生活，我哥哥和姐姐都只能无奈辍学，经营父亲留下的小杂货店，挑起了全家生活重担，

维持供我一个人上学读书。家境的贫寒促使幼小的我就非常懂事，也激励我更加努力向上。我经常帮家里做点家务，还为哥哥、姐姐经营的小杂货店进货，譬如放学后就拿着篮子到花生批发店去买回一大篮子花生，然后在店里包成小纸包出售。13 岁初中毕业那年，正值抗日战争胜利后的第二年，我家贫困的经济条件，还是无法让我继续上普通高中读书，所以十分无奈地选择了上职业学校，进了抗战胜利后刚从内地迁回杭州的浙江省高级工业职业学校。在那里读书，不仅可以不交学费，每月还能领到三斗米的生活津贴。

1949 年春，杭州迎来了解放，我有幸考进了浙江大学，除了申请国家补助免去学费外，生活费用还是靠自己勤工俭学解决的。父母养育了我，贫寒的家庭和艰苦的生活，也给了我一个很好的磨炼，使我后来克服各种困难时充满了坚忍不拔、自强不息的信念。

我的姐姐由于小时候一次发高烧，没能及时医治，留下了眼疾，造成一生的痛苦。她从小性格内向，但意志很坚强，不论遇到什么困难，她都能和母亲一起承担家庭的困难。她书念到初中毕业就停学了。1949 年杭州解放，她参加了工作，在国营百货店当营业员。由于她工作努力，认真负责，热情服务，经常受到表彰，被评为杭州市的劳动模范，1957 年加入了中国共产党。她终身未婚，退休前是杭州小吕松百货店副经理，后在养老院度过晚年，我一直在经济上照管她的晚年生活。她于 2006 年病逝。

我哥哥天赋聪明，学习成绩一直非常优秀。父亲去世时，他已 19 岁，虽已上完高二，眼看就要高中毕业了，但为了养家糊口，只能忍痛中途辍学，周围人都为之感到惋惜。我认为是旧社会阻碍了我哥这样的优秀人才的发展。新中国成立后，他参加了工作，在公私合营的杂货店当职员。他熟悉业务，为人正直，几次被评为先进工作者，后来也当上了商店经理。

我哥哥有三个儿子、一个女儿，大女儿干效兰，大儿子干效雄，二儿子干效联，三儿子干效东（1 岁半后过继给我，成为我的大儿子），要维持一个家庭，养育儿女成人，实在不容易。

我嫂嫂余顺娟去世较早（时年 55 岁），哥哥也未再婚。在古稀之年，他还照顾我多病的姐姐，完成了妈妈临终的嘱咐和重托。晚年退休后，精心叙写了我们家的家史，并抄写了一本给我，使我现在能更多地了解我家的过去。这几年流年不顺，2006 年我姐姐 77 岁去世，2007 年年初我哥哥 84 岁病逝，侄女干效兰 58 岁于 2011 年去世。

1961 年我和邓佩珍结婚后回家，拍了一张全家福。前排左起：干效兰、干秀珍、干效联、妈妈、干效雄；后排左起：余顺娟、干福泰、干福熹、邓佩珍

在我的人生道路上和科研的生涯中，起到重要影响的莫过于我的几位恩师。他们在我人生轨迹的关键时刻，指点我方向，给我勇气，引导我走上了今天的发展道路。求学时代的徐瑾老师、李寿恒老师，师恩绵远，让我永不忘怀。

第2章 求学时代

小学和初中

1939 年，我 6 岁开始上学。佑圣观路小学是我上的第一所学校，因为我家就住在附近，可以说这是我接受文化教育的启蒙学校。

佑圣观路小学很早就与杭州市饮马井巷小学合并，该校有百年的历史，校史记载始创于清朝宣统元年（1909 年）。佑圣观路小学的原校址，如今成为上城区青少年活动中心。

1939 年进入杭州市佑圣观路小学

1943 年进入杭州市立中学(初中)

初中是在杭州市立中学就读。当时的杭州被日本侵略者占领已成为沦陷

《读后心得》封面

《读后心得》内页

区，在日本侵略者和汪精卫伪政权统治下，我们一家老小受尽了苦难。靠我母亲妇道人家维持一个小店铺，实在不容易。一是国难，二是家穷，在我幼小的心灵深处留下了不可抹去的阴影。我最仇恨的是日伪的奴化教育，强迫我们要读日文，当时许多爱国老师非常不满，我们这些孩子就采取消极对付的态度。但是，到了 1945 年抗战胜利了，我初中即将要毕业，可是国民党政府却要求沦陷区的学生进行“甄别”。我感到双重受气，也产生了反抗情绪，便十分努力地准备升学考试。我参阅了很多参考书，一一做了笔记，我把这些笔记撰写成一本书，还给自己取了个字“玮熤”。我哥哥至今替我保存了这本以我的“字”命名的笔记本《读后心得》，当时我只有 13 岁，可想而知，那时的我对当时社会现象的反应，已饱谙世故无戚欣。

交不起上高中的学费

1946 年我于杭州市立中学初中毕业，已经考上了杭州的知名高中，如杭州高级中学、杭州安定中学，但家庭经济困难阻碍我升学的愿望。当时的浙江省高级工业职业学校是免学费的，而且每月还有三斗米的生活津贴，我只能选择这所职业学校，这样就可大大减轻家庭的负担。我就读于应用化学科，在学校里已经学习了微积分、工业化学、机械学等课程，接触到了工业生产知识。这是一所培养实用型职业人才的学校。我们的科主任同时又是级任老师徐瑾女士，她对我们同学的教育，从国情的实际出发，谆谆教诲和引导我们年轻人，要努力学好技术，振兴中国工业。在我们同学中许多人的想法，就是要学好专业，学好本领，毕业后找一份好工作。当时这对我来讲尤为重要，能分担家庭困难的思想心绪存在，只要毕业不失业就不错。说实在的，到了这所学校，根本不可能有再上大学的机

1949 年毕业于浙江省立高级工业职业学校（前排左起：吴世康、干福熹、李柏松、许学诚、傅樊冠、赵承卜；后排左起：张纯先、周善仁、朱紫和、邵光照、夏国钧、张国义、项怀清、项志键、王恩玉、钱淑琴）

会，学好各门课程和各种技能就是我自己的责任。所以，我在职业高中学习阶段成绩很好，各有关技能也掌握得很牢，这样毕业后能很快适应工作。这些学到的技能在我后来踏上工作岗位，参加光学玻璃工艺生产研制中，确实起到了作用。回想起这段经历，我为什么对科学技术产生浓厚的兴趣，有志于投身科学技术工作，与学校的教育和老师的培养有很大的关系，尤其是徐瑾老师对我的影响和帮助！

1949 年春，杭州迎来了解放，我当时无比振奋。一是职业高中毕业了，可以参加社会工作；二是新社会的气氛真是“解放区的天是明朗的天”，处处洋溢着穷苦人民得解放的高昂激情。我也和许多青年人一样满腔热情，思想奔放，向往革命，参加了浙江省干部学校学习，三个月结束后，意气风发地要报名参军和参加土改工作队等。如果参军，很快就要跟着部队南下。在这个时候，徐瑾老师感到我才只有 16 岁的年龄，就启发我认识新中国需要新型的人才。她对我说：“你年纪还小，学习基础又好，对科学技术有兴趣，满目疮痍的中国马上就要开始进行建设了，需要大量的知识人才，尤其是掌握科学技术的人才，你应该再进大学深造，才能更好地建设祖国。”徐瑾老师的一番话顿时让我豁然开朗，能进高等学府深造是我自幼梦寐以求的理想，当时我满脑子就是想尽早投入社会，服务国家，已经忘却了自己将来的发展，家庭的现实也影响了自己的选择。徐瑾老师的指引，彻底改变了我的人生轨迹。在刚刚解放的初期，老师不去引导学生参军或参加土改，投身革命服务国家，却做学生思想工作，动员去上大学，可想而知是要承担多大的舆论压力。这件事让我终生难忘。

难忘的浙江大学

徐瑾老师不仅勉励我要进大学深造，而且还把我推荐给她的丈夫——中国化学工程界的知名老前辈、当时浙江大学化学工程系主任李寿恒先生。在老师的引荐下，我报考了浙江大学，并在 20 多名报考者中仅录取一名学生的情况下，以头名身份进入了浙江大学化学工程系学习。

进了大学，我抱着为国家建设成为有用人才的愿望而努力刻苦学习，同时，还要安排自己勤工俭学的时间。解放初期政治运动很多，比如当时

1950 年 1 月欢送朱长乐同学参加军干学校时留影（前排左起：张馥兰、王景熙、蒋斐、李玲先、潘家铭、朱长乐父亲、朱长乐、柯桂花、包澄潞、任玉芳；第二排左起：程祖球、李峻宇、王世绳、李贻秋、陈正树、胡长芬、林培根、王道辕、干福熹、韦少瑜、王盛波、杨盛烈、孙参；第三排左起：林励吾、王贞万、杨平寰、颜志明、程天采、李名盛、王鹤翔、程传箴、冯骅、江吉甫、张新民；第四排左起：杨裕生、王顺富、管澄贤、钟嘉禾、蔡孝载、何瑞亭、徐传俭、赵承卜、谢庭云、周锁福、刘明津、沈兆荃、金洪涛）

开展的镇压反革命、“三反五反”等，都关乎新中国的社会稳定和建设，还有抗美援朝，对我们这些青年学生都产生强烈的鼓动性。因为我从浙江省干部学校毕业后，未参加当时的参军和土改运动，心里总感内疚。所以，抗美援朝一开始，我就积极报名参军，一心想奔赴朝鲜战场，可是没有被批准。

浙大一年级在蓖麻地勤工俭学

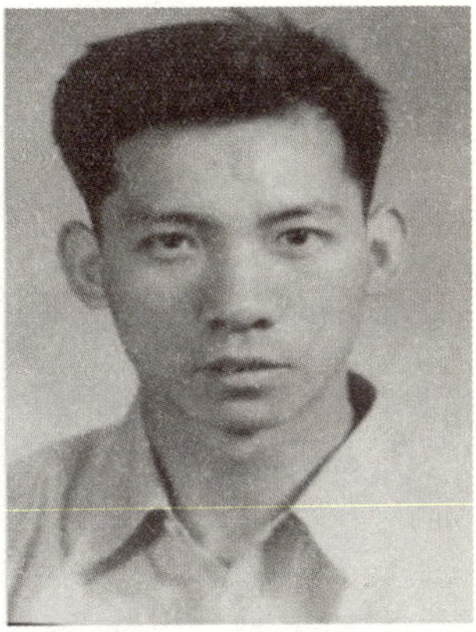
1952 年毕业于浙江大学

这时，学校还组织我们到校外开展活动，如参加“三反五反”等运动，这样都会影响白天上课学习，我们回校后老师们就得给大家补课。像李寿恒老师，他在思想改造运动中，一边接受批判写检讨，一边还要安排好给学生补课，上好“化工原理”，不忘教导我们要珍惜在大学时期的学习机会，多学点知识，将来更好地建设新中国。同学们看在眼里，记在心底。先生们这种为人师表的行为，让我深受感动，自己坚定了决心，一定要抓紧时间努力学习，掌握好科学技术本领，为我国社会主义经济建设服务。

大学期间，我的母亲对我的一段教诲我至今铭记在心：“要用心读书，一个清贫之家，要培养一个大学生是不容易的，是哥哥、姐姐弃学日夜劳动，勤俭刻苦赚钱来维持你的学习费用，你不要学别的有钱大学生的样，生活要俭朴，要晓得你是一个穷大学生呀。”因此，大学期间我没有给家里增加经济负担，部分生活费用靠自己勤工俭学得来。一是靠打字，为学

2002 年浙江大学 52 届毕业生回校聚会，庆祝毕业五十周年师生合影

校打英文教学材料。我们那时的课本还是沿用国外的教材，全是英文的，因此，给学生发的课本或讲义都是油印的，这需要大量的打字人员。我会用英文打印机打蜡纸，就作为一项课余工作。二是到杭州周边农村，替农民种蓖麻。这两项都有一定的经济报酬，成为我的部分生活费用。今天我对当时参加勤工俭学的认识，不仅是解决了我上大学时的经济困难，而且也是个很好的锻炼机会。而今我英语的水平，是当年打英文蜡纸时逐步积累英文单词练就的。

在大学短短的三年里，受到党的教育和关怀，老师们的真心教导和帮助，自己不仅取得学业上的成果，在政治上也有很大进步，在大学二年级就参加了新民主主义青年团组织。1952 年我国颁布第一个国民经济五年

浙大同班三院士林励吾、杨裕生、干福熹

计划，国家急需人才，我们这批提前毕业的大学生，可以直接参加国家经济建设。我没有辜负学校和老师的期望，主动报名去西北、东北地区，到祖国最需要的地方去。2002 年毕业 50 周年之际，大部分同班同学都返校团聚一堂庆祝校庆。我们这一班级近 50 位当时意气风发的青年，在以后各自的工作中都作出了自己的贡献。值得一提的是，我们班级同学中至今已出了三位院士：中国科学院院士干福熹（1980）、林励吾（1993）和中国工程院院士杨裕生（1997）。从我们这一届大学毕业生开始，就实行全国统一分配，我被分配到吉林省长春市的中国科学院仪器馆 工作。自此，我跨进了中国科学院的大门，来到从事科学研究的第一站。

师恩绵远，永不忘怀

60 年快过去了，在我的人生道路上和科研的生涯中，起到重要影响的莫过于我的几位恩师。他们在我人生轨迹的关键时刻，指点我方向，给我勇气，引导我走上了今天的发展道路。求学时代的徐瑾老师、李寿恒老师，师恩绵远，让我永不忘怀。

徐瑾老师（1907—2004），出生于江苏省宜兴县。1934 年浙江大学化工系毕业，为我国最早的化工专业的女大学生。长期从事中学化学教学工作，曾任杭州化工学校副校长、浙江化工学院主任，1962 年退休。在她的教育下，培养了一大批实用型的应用化学人才。

李寿恒老师（1898—1995），出生于江苏省宜兴县。1920 年金陵大学（现为南京大学）农科毕业，1925 年获得美国伊利诺伊大学博士学位。1927 年创办国内第一个化工系，嗣后历任浙江大学化工系主任、教务长、副校长。1957—1958 年受“反右”政治运动冲击，受到了不公正的待遇，被迫离开浙江大学，担任浙江省化工试验（研究）所副所长，后任浙江工学院院长等职。

李寿恒教授是我国化工教育事业的奠基人，化工科技事业的开拓者。他从事化工教育和科技工作将近 70 年，教育思想深刻，学术水平精湛，实践经验丰富，为人处世严谨。在“文革”中，他被当成“反动学术权威”，受到了审查和批判。幸运的是在粉碎“四人帮”后，他仍身体健朗，耳聪目明，思维敏捷，记忆力强，还时刻关心着学校的发展和师生的学习。

看望 90 岁的李寿恒老师（左起：徐瑾、干福熹、李寿恒、夏国钧、沈培新）

今天回想起作为他的学生，感到无比的荣幸。在以往回杭州的日子里，我常和班级的同学去徐瑾和李寿恒老师的家看望他们。

熔炼光学玻璃和其他任何技术一样，也不是一帆风顺的，失败、挫折不可避免。何况光学玻璃在我国还是空白，对我们年轻人更是一种磨炼。龚祖同先生作为领导，年近五十了，日夜和我们一起战斗在炉边。他把光学玻璃看成自己的生命，深深教育和激励着大家。许多老师傅也非常敬重他。在每一次熔制中，大家心往一处想，劲往一处使。1953 年的农历除夕，我们终于第一次成功地获得了 300 立升大坩埚 K－8 牌号的光学玻璃，接着又成功地熔化了两埚。

第3章 投身科学

到国家最需要的地方去

为了我国第一个五年计划的需要，我大学提前毕业了。当时我才20岁，而母亲已经66岁了，按理我可以在杭州市内找个工作，在老人身边以尽孝心，但我没有留恋南方的生活条件和好环境，毅然主动报名到祖国最需要的地方去。到西北艰苦的边疆、到东北我国重工业基地，哪里需要就去哪里建设国家，这就是我最大的愿望。学校根据统一分配的原则，把我分配到东北地区。

1952年秋，我告别了年迈的母亲和哥哥、姐姐等家人，以及老师和同窗好友，乘上北去的列车，经过两天一夜的行程，到达沈阳。我们去中国科学院东北分院报到，当时我分配的单位是在大连的工业化学研究所（即现在的大连化学物理研究所），为照顾其他同学的恋爱关系，经过一番调整，我最终到了设在吉林省长春市的中国科学院仪器馆。

中国科学院仪器馆是新中国成立后，为加强我国军用和民用光学仪器的发展，经几个部委领导提出建议，专门设立的研究机构。1950 年，当时的政务院正式决定在中国科学院设立仪器馆。1951 年在北京成立仪器馆筹备处，由王大珩先生主持工作。1952 年初，中国科学院决定，由仪器馆筹备处与东北科学研究所联合在长春组建科学仪器馆。该馆按当时的任务要求，设立三个实验室：一是物理光学实验室，由吕大元先生负责，大部分人员是从东北科学研究所调来的；二是机械实验室，由张静安先生负责；三是光学玻璃实验室，由龚祖同先生负责。另外还有两个实验工厂，这两个实验工厂，一个设在长春，即长春实验工厂（为长春材料试验机厂的前身）；一个设在上海，是接管上海市的私营华光和中光两个光学仪器厂，组建成上海实验厂（为上海光学仪器厂的前身）。我和几位大学毕业生（王世焯、陈庆云、张佩环、沃新能等）就到长春的光学玻璃实验室工作。

在仪器馆开展光学玻璃研制，这不仅是我国发展光学仪器的需要，而且也是两位前辈科学家的心结和愿望，他们就是王大珩和龚祖同两位先生。

中国科学院仪器馆位于长春市铁道北（1953 年）

20 世纪 30 年代末，他们两位都就读于清华大学物理系，毕业后先后赴国外学习。龚祖同先生于 1934 年进德国柏林技术大学，学习光学设计；而王大珩先生于 1938 年在英国

伦敦大学帝国学院攻读技术光学。他们两人对于光学仪器的核心材料——光学玻璃有一个共同的感受：在列强争夺的世界环境中，光学玻璃的制造技术一直是十分保密的，正所谓“各国视为要害技术，竞相强化，竭尽保密之能事”。所以，他们两位都不约而同地走上研制光学玻璃的道路。所不同的只是，龚祖同先生在抗战一开始，就放弃博士论文答辩，毅然回国研制光学玻璃；而王大珩先生在英国有机会进入英国钱司（Chance）玻璃公司从事新型光学玻璃研究。下面，我根据他们自己写的回忆录介绍他们这一段经历。

龚祖同先生回忆——

“1939年冬，我因丧母回上海。那时我看到我国应用光学中基本问题是我国自力更生地制造光学玻璃，以求得光学技术上的独立。上海工业较发达，所以就在上海小规模地试制光学玻璃了。不久受敌伪迫害，乔装逃出上海，返回昆明。这是我第一次试制光学玻璃的失败。

“回到昆明光学厂后仍十分惦念着光学玻璃的试制，总企求把光学玻璃搞出来，以报答受老百姓多年培养之恩。1942年，到贵阳建造简易厂房，投入试制光学玻璃的战斗，并派人到美国学习。到日寇投降后，本可以发展扩大，谁知道国民党官僚买办们认为，光学玻璃可以从美国进口，不值得自己搞。因而机构被撤销，这是我试制光学玻璃的第二次失败。

“1945年日寇投降，我的理想是进一个大玻璃厂，在厂里找机会试制生产光学玻璃。当时资源委员会有一个秦皇岛耀华玻璃厂（生产平板玻璃）等待接收。我欣然到秦皇岛这个厂，负责生产方面的工作。用了两年多时间把工厂的生产产量提高了，产品销路非常兴旺，有供不应求之势。两年后（1948年），我准备进行光学玻璃的试制，耀华公司方面也支持我这样做，可是由于国民党的腐败，秦皇岛已面临解放的前夕了，上级不同意。我不得已撤回天津再转到上海，在上海等待解放。这是试制光学玻璃第三次失败。”①

王大珩先生回忆——

“我于1941年春，进入英国雪菲尔（Sheffield）大学玻璃制造技术系，在著名玻璃学家W. E. S. Turner教授指导下进行玻璃的光学性质研究。我的英国同学汉德先生告诉我，英国钱司（Chance）玻璃公司急需一位懂应用光学专业的科研人员，担任新型光学玻璃开发研究工作。这真是一个难得的机会，我的祖国是多么需要这种技术啊！为了能学到制造光学玻璃的真实本领，我毅然放弃攻读博士学位的机会，抓住二次大战的时机，经汉德先生的推荐，离开学校，到钱司玻璃公司工作。

“我在这家公司实验室工作了五年，职务是研究实验部物理师。虽然不许我进入生产车间，但因为实验室既是产品质量的控制中心，又是进行新技术、新产品开发的源地，所以对生产的组织形式，以及生产光学玻璃的要害问题有足够的了解。

1953年，中科院仪器馆初建时王大珩（左）和龚祖同先生

“我进行了约300埚的玻璃熔炼实验，研制出稀土玻璃系列，获得两项专利。我研创了V－棱镜折光仪，而且成为商品，现在成为测量光学材料的经典

① 《龚祖同回忆录》，硅酸盐通报，1984（2）。

仪器。我还不懈地研究了玻璃的热处理性质，这是保证光学玻璃精密退火以得到物理均匀的理论基础。

“在那些年代里，我是受雇于人，出卖自己的智慧，为别人出成果、效益的。然而可以自慰的是，根据自己多年工作经验，掌握了保密性很强的玻璃制造的许多关键技术问题。”①

新中国成立后，王大珩先生负责筹建中国科学院仪器馆，首先想到光学玻璃在经济建设和国防建设的迫切需要，一方面向东北人民政府申请专款，以建立中国的光学玻璃研制基地，同时还邀请龚祖同先生调来长春仪器馆，负责光学玻璃的试制工作。两位光学前辈真正走到一起，为我国光学玻璃的事业发展作贡献，结束了我国光学玻璃研制的辛酸历史，开创了辉煌的新篇章。

第一埚光学玻璃的诞生

长春仪器馆光学玻璃实验室筹建于 1951 年春。由龚祖同先生提出光学玻璃试制车间设计任务书后，他日夜奔走在设计建筑和筹备施工之间。当时，他手下只有一位刚从大学毕业分配来的刘颂豪协助工作。但是，龚先生建设新中国光学玻璃研制基地的心情非常迫切，有“艰难困苦无所惧，赴汤蹈火也心甘”的决心。所以，经过努力，当年动工建设，就完成了厂房的建造。我和一批年轻人于 1952 年秋才到光学玻璃实验室工作，我们的到来增添了许多朝气，龚先生和我们青年人一样满腔热情。光学玻

①《王大珩》，宣明主编，科学出版社，2005 年。

璃实验室当年分别成立了化学组、原料和配料组、坩埚组、熔制组、检验组和行政组。我们这批新分配来的大学生马上就上岗，还当上了各部门的负责人。陈庆云和张佩环负责原料和玻璃的化学分析组；王世焯负责配料和采购玻璃原料；我担任了熔制组组长；沃新能负责检验组，进行玻璃光学性质的测试以及气泡、条纹和光学均匀性的检验；300 立升容积的大坩埚制作是一个关键问题，龚祖同先生亲自负责，并指挥制作坩埚的刚学义等老师傅工作；行政组由“红小鬼”康永华负责领导，他 15 岁参军，一直在部队工作，当时也调到仪器馆参加我们光学玻璃实验室的建设；刘颂豪一直是龚祖同先生的得力助手和业务秘书。我们熔制组的任务就是把配好的玻璃生料，放在坩埚里，然后在专门设计的炉子中，按熔制规程，进行高温熔化，最后获得透明度很好的光学玻璃。

参加熔制组工作的，还有从上海招聘来的两名中学生马仲堂和孙仲鸣，以及一批有熔制一般器皿玻璃（相当于普通玻璃瓶、烧杯等器皿）经验的老师傅。要在一个空空的新厂房里建成光学玻璃熔制车间，大家都没有经验。我在大学里也没有学过有关硅酸盐和玻璃技术的课程，之所以能很快地搞起来，全靠大家一股干劲和“为祖国需要，做什么学什么”的决心。我们在新厂房从修复煤气发生炉，敷设煤气和油管道，设计油喷雾器，定制特

1952 年，中科院仪器馆光学玻璃试制车间(1)；光学玻璃出炉浇注(2)；第一埚光学玻璃(3)

型耐火材料，建造炉窑和退火炉等做起。那时正是风风火火的年代，大家意气风发，有条件要上，没有条件创造条件也要上，很快搭建起了我们自己设计的光学玻璃熔制车间。

1952 年，我们仅用不到半年时间就创建了熔炼玻璃的条件。11 月坩埚组也制造出 300 立升的大坩埚，12 月中旬玻璃大炉窑开始烤炉，但是几次都因坩埚在焙烧过程中出现开裂而失败。有时更为严重的情况是，坩埚已经加温到 1400 ℃，开始加进玻璃生料，而到了熔化时，坩埚又破裂了。这时没有一个人退却和逃避，我们冒着熔炉的高温，首先把破裂的坩埚取出，然后还要把流入炉内的玻璃液清除干净。经过抢险战斗，许多人汗流浃背，面部和手臂等被炉火烤得发烫，大家仍情绪高昂，场面十分感人。

熔炼光学玻璃和其他任何技术一样，也不是一帆风顺的，失败、挫折不可避免。何况光学玻璃在我国还是空白，对我们年轻人更是一种磨炼。龚祖同先生作为领导，年近五十了，日夜和我们一起战斗在炉边。他把光学玻璃看成自己的生命，深深教育和激励着大家。许多老师傅也非常敬重他。在每一次熔制中，大家心往一处想，劲往一处使。1953 年的农历除夕，我们终于第一次成功地获得了 300 立升大坩埚 K－8 牌号的光学玻璃，接着又成功地熔化了两埚。

这一年春节，大家是在欢欣鼓舞之中度过的。龚祖同先生的激动更是难以言表，他说："我一生的重担从此获得解脱，这是我一生最幸福的日子，此生此事不忘。"

我参加工作后，这是第一次不在母亲身边过春节，难免有些想家，真有"每逢佳节倍思亲"的感觉，但是眼前的成功对自己也是一种安慰。更可喜的事情是，仪器馆把中国第一埚光学玻璃诞生的事迹，作为后来光学玻璃厂教育培养青年一代的范例。

光学玻璃熔制成功以后，我们的工作要进入巩固和发展阶段，还要根据需要，提供合格产品，首先是扩大光学玻璃的品种。当时，龚祖同先生给我的一份资料，就是在抗日战争时期派人到美国去学习时带回来的，资料中也只有十几种（普通冕牌和火石）光学玻璃的化学成分和熔制规程图。龚先生还介绍要我看的资料，是旅美华裔玻璃科学家孙观汉发表在美国陶瓷学会杂志（*Journal of American Ceramic Society*）的有关玻璃光学性质的计算文章。我们按资料的要求，先在电炉小坩埚中进行试验，熔炼出从硼冕到火石，又到钡冕的光学玻璃，并且取得一批在炉前校正玻璃光学常数的数据。然后在大熔炉中一埚一埚地试验，取得了不同品种的光学玻璃的化学成分和熔制规程。通过这段试验工作，我体会到光学玻璃是多品种的，多组分的化学成分，要能知道玻璃的光学性质与成分之间的关系是十分重要的，事先能预测到制成后的玻璃光学性质，对于玻璃的发展和应

1962 年，光学玻璃研制基地龚祖同先生和一批骨干（左起：张佩环、王世焯、姜中宏、龚祖同、刘颂豪、钟奖生、干福熹）

用是非常必要的。因此，在我心中隐埋了以后的打算，就是想从玻璃的合成化学成分来计算熔制后玻璃的物理性质，这也许就是我一生与玻璃打交道的开始。

这一年我们又分配来一批提前毕业的大学生，特别是从华南工学院（现华南理工大学）来的三位，他们是姜中宏、钟奖生、秦启明，一来就很快投入工作。姜中宏参加我的熔制组；钟奖生由王大珩先生指导，负责光学玻璃精密退火；秦启明负责黏土坩埚制造。同时还从唐山工学院调来张东琪讲师，加强光学玻璃检验和热处理的领导，光学玻璃研制队伍有所壮大。

建立光学玻璃研制基地

1954—1956 年我们在光学玻璃熔制过程中，经过摸索和学习先进经验，在生产工艺上进行了两项重大改革，大大提高了玻璃的成品率和质量。

第一项是在玻璃成型上从经典法（即熔炼成的光学玻璃与坩埚一起取出，在隔热罩下自然冷却，坩埚和玻璃在冷却时炸裂，然后在室温情况下挑选品质好的玻璃块），发展到浇铸法（即熔炼成的光学玻璃与 300 立升坩埚，约半吨重，从高温炉中一起取出，浇铸到预热的铁模中，然后送进精密退火炉，按退火规程逐渐冷却下来）。由此大大地提高了玻璃的成品率，并且还能获得大尺寸的光学玻璃坯料，有时也能满足特殊尺寸的光学玻璃毛坯的要求。

第二项是改进玻璃熔炼的搅拌器。因为光学玻璃要求本身光学均匀性极高，退火后光学玻璃毛坯的折射率差（Δn）要达到 10^{-6}，所以，与其他品种玻璃在熔制中有很大不同，就是高温熔炼过程中玻璃液需要搅拌。

刚开始时我们应用从美国带回的资料，采用由高温耐火材料制成的指形搅拌棒。1956 年学习苏联的经验，启用了螺旋形的搅拌桨，提高了玻璃液的均匀性，这种螺旋形搅拌桨和相配套的搅拌机从试制到实用只花了一年时间。

光学玻璃实验室不但玻璃品种在增加，工艺技术在更新和提高，队伍也在扩大，对外的影响也不断地显现，这无形中建立起中国光学玻璃研制基地，对我国在解放初期生产军用和民用光学仪器起到重要作用。新中国成立初期，光学玻璃还是从国际市场采购来的，但是受到国际的封锁和禁运，能买到的也是最普通的光学玻璃。即使长春光学玻璃实验室能够熔炼一些玻璃，与当时的国内需求也差得很远。国家从长远培养技术人才和解决急需光学玻璃问题考虑，原国家第五机械工业部（兵器工业部）决定在国内最大的光学兵器厂（昆明 298 厂）筹建光学玻璃生产车间，并由中国科学院仪器馆派人负责技术指导和领导，当时这项任务就落到我的肩上。

1956 年初，王大珩先生选定我去参加筹建工作，并向五机部提出要求，对我要以“专家”相待。当年我还不到 24 岁，初出茅庐，要乘飞机前往，因为当时的交通要从长春到北京再转道昆明，如果乘火车和汽车则要一周多的时间。1956 年 3 月我以“专家”的身份出差，连一只手表也没有，临时买了一只双铃马蹄闹钟作为计时用。我参加工作后，每个月 30 元工资，拿到后一半要寄回家给我母亲，所以手表算“奢侈品”，我没有经济能力，不敢碰它。我从长春先到了北京，住到招待所，事先约了早上去民航办事处的三轮车，由民航专车送到机场，乘上了苏制 20 ~ 30 个座位的双螺旋桨小飞机。这是我第一次坐飞机，感受到飞机提升和下降的紧张，在飞越秦岭时颠簸得厉害，我实在经受不住了，呕吐后昏昏沉沉地到达昆明。

在昆明 298 厂工作了三个月，主要做两件事。第一，与 298 厂的工程技术人员设计了光学玻璃车间的厂房布局、工艺流程和设备、坩埚制备以及生产第一批光学玻璃的配方、原料供应等。这些工作相当于我近四年研制光学玻璃的总结。我回长春后就去了苏联学习，昆明 298 厂光学玻璃车间的建设交由刘颂豪和姜中宏两人先后负责。第二，参加苏联援建光学玻璃厂项目的选址，配合请来的苏联专家库列晓娃工作。最后选定在成都，即以后的五机部成都 208 厂。

缅怀科研道路上的引路人

60 年的时光已过去，回想当年的情景，可以自慰地说，我选择了到国家最需要的地方，并十分庆幸地能与我国光学界前辈、指导我走上科研道路的引路人——龚祖同先生一起工作，获得了我今天能取得成绩的好机遇。

1952—1956 年，在这四年工作中，龚先生不仅亲自指导我们建造光学玻璃熔制车间，熔炼出第一埚光学玻璃，并在其间安排我去东北人民大学（即现在的吉林大学）聆听余瑞璜先生讲授“结晶化学”课程。1956 年，

1955 年全国青年社会主义建设积极分子证书

1954 年长春市先进工作者证书

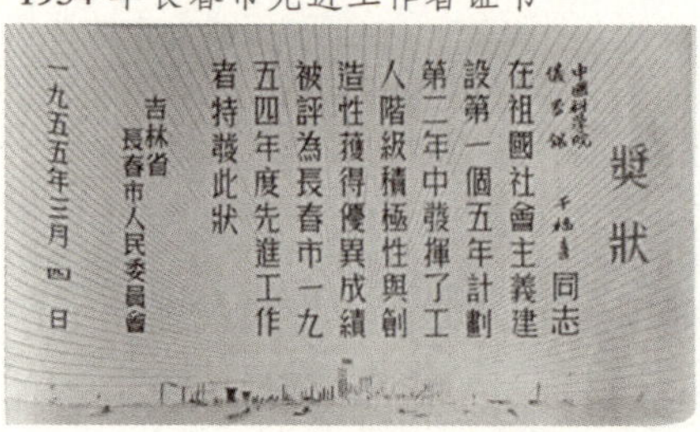

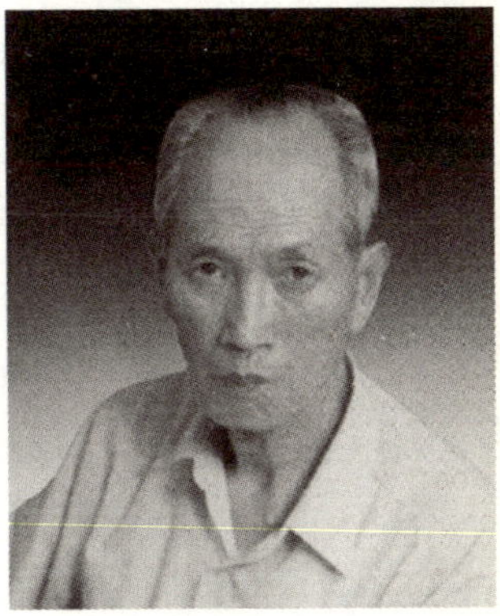

龚祖同老师（70 岁）

接到去苏联学习机会的名额，立刻指示我从昆明回来，建议我去苏联科学院学习，希望我能在基础理论上得到更好的提高。四年科研工作生涯，有如此优秀的导师，促使我废寝忘食、全心全意投入工作，扎扎实实地打下了基础，为后来的研究和发展创造了条件。

我的表现，得到了大家的公认。1954 年获得了“长春市先进工作者”的称号，1955 年被评为“全国青年社会主义建设积极分子”，并十分荣幸地受到以毛泽东主席为首的党和国家领导人的接见。

龚祖同先生（1904—1986），上海南汇人。在青年时代，他怀着“科学救国”的愿望发奋读书，以优异的成绩毕业于清华大学物理系并留校任助教。后来考虑到国内的需要而改攻应用光学，又到德国留学。1937 年抗日战争爆发，当时他正在德国柏林技术大学专攻《光学系统高级像差》博士论文，但看到祖国和人民正遭受日本军国主义侵略与蹂躏，抗日前线急需大量军用光学仪器的消息后，就毅然放弃了博士论文答辩的机会，选择了返回祖国，投入光学仪器的设计和生产。我国第一台军用双目望远镜和机枪瞄准镜，就是他带领三个西南联大学生亲自设计的。研制和生产光学玻璃是龚先生一生执著不懈追求的理想，但在旧中国，他历经奋斗都没能成功。新中国成立后，国家拨专款要在长春的中国科学院仪器馆建立中国光学玻璃研制基地，龚先生被邀请调到长春仪器馆，负责光学玻璃的试制工作，这正合龚先生的心愿。当年他的年龄已近半百，怀着无比激动和喜悦的心情投身到试制工作中。他的情怀，他的献身，他的实干，都深深地教育了我们一批新分配来的大学生。我以龚先生为师，使自己有了一个良好的科学技术事业的开端。

在苏联科学院学习的日子里

1956 年，我国完成了国家十二年科技发展规划的编制后，为填补缺少的学科，中国科学院选派了一批青年科技工作者，送往苏联科学院学习和工作。我得到通知后非常高兴，经过临时突击学习俄语两个月后，于 1956 年秋前往苏联的列宁格勒（现为圣彼得堡）苏联科学院硅酸盐化学所。当时，我希望在苏联的光学玻璃工厂和研究所学习一些技术后，尽快回国工作。到了这个研究所后，根据苏方的安排是来读研究生的。我的导师阿本教授，当时是苏联一名年轻有为的功勋科学家。他原在苏联国家光学所从事光学玻璃的基础研究，在玻璃结构和性质计算研究方面颇有国际知名度。国家光学研究所是苏联保密单位，不接受外国人员到该所工作。阿本教授在我来硅酸盐化学所时，已经离开了国家光学所，在苏联科学院硅酸盐化学所从事新的领域

1959 年，苏联列宁格勒列宁像前，在苏联科学院硅酸盐所一起学习的同学（左起：干福熹、林祖馕、余金梁、张清纯、余善庆、符锡仁）

“表面涂层”的研究。当他了解我想继续在光学玻璃方面进行有关的研究后，阿本教授指导我从玻璃结构和性质上进行基础研究，并开导说：“一切科学技术都需依靠基础研究，必须重视基础研究工作，你们中国现在还没有这方面的条件，为什么不先在我们苏联，利用学习的机会打好基础?”教授的一番教诲，使我十分感动，又十分敬佩。

我从大学到研究所，没有系统地学习过有关玻璃的基础和专业课程，尤其在刚参加工作的头几年，主要精力都投入到研制光学玻璃的配方和工艺上，整天在生产车间摸爬滚打，到了这里完全换了一个工作环境和内容，确实感到不适应。但在阿本教授的指导和帮助下，我很快扭转了不适应的状态，专下心来学好基础，做好研究。阿本教授不仅重视为我打好基础，而且也很注重我在中国有 4 年研制光学玻璃的经历，从实际考虑，没有要求我重新去读大学课程，即安排我在研究所的各个实验室实习，从中了解和学习有关玻璃的各种性质和结构的研究方法。结合我自学的课程，一年内就通过了 4 门功课的考试，在我们同一届的中、外研究生中，我首先进入论文工作阶段。阿本教授对我们研究生很注意引导，我们不仅要在实验室实习研究一些项目或课题，比如熔制各种玻璃样品，还要查阅大量的有关资料和文献。教授经常指出：“要系统全面地调研文

1959 年 10 月，获苏联科学院副博士学位，在列宁格勒斯摩尔林宫（十月革命指挥部）前留影

献，基础研究工作不要做重复性的实验，要创新，要有新的结果。”每当我在实验中有新的发现时，他又要求我反复验证，不能有半点的虚假和侥幸。阿本教授严谨的研究科学态度，让我终身受益。

三年的研究生学习，使我认识到，必须重视基础知识的积累。我开始系统地研究玻璃的基础理论，从物质的基本形态、物理性质、化学组成、物质结构等，尽最大可能了解关于玻璃结构的各种学说的实质，从而全面系统地掌握玻璃的理论基础模型、化学组成与物理性质的关系。我在研究工作中总结出一些有规律的现象，撰写了 5 篇学术论文，发表在当时的苏联期刊《应用化学》、《固体物理》等杂志上。我的研究生论文《硅酸盐玻璃中硼反常和铝－硼反常现象的研究》（Исследование борное и алюмоборное аномали силикатных стекол）完成并通过答辩，获得化学副博士学位。该论文作为我的第一部专著，以俄文出版，受到了苏联学术界的重

1957 年留苏同学于列宁格勒郊外（右起：林祖纕、张清纯、殷世瑞、沈蕴芬、干福熹、王佛松、朱靖、钱云龙、黎蕊秀、连志超）

视。由于书中系统阐述了硅酸盐玻璃中“铝－硼”的反常现象，被国际公认为玻璃主要变化规律之一。

在苏联三年的学习期间，中国科学院向苏联科学院为我办理了可以接触保密部门的手续，使我有条件参观苏联光学玻璃厂等保密单位和查阅有关的文献资料，对国内研究工作有不少帮助。1957 年夏季，苏联方面安排我到一所光学玻璃生产厂去实习，这家光学玻璃生产厂建在莫斯科郊区的森林中。听说我去之前，这个小镇里从未来过外国人。我被安排住在该厂保卫科科长的家里。第二天在厂门口，出来接待我的是该厂技术科科长库列晓娃工程师。我们两人见面时都很吃惊，因为我们在 1956 年初参加苏联援建光学玻璃厂选址时合作过，她那时是我国请来的苏联专家。一年过后此地相逢，更有亲切之感。她热情地陪我参观了整个工厂，这时我才知道这个厂所有技术工作都直接由苏联国家光学研究所所控制。最后，库列晓娃陪我到厂里的保密资料室，查看资料。我在保密资料室允许调阅有关资料，还能做笔记，但不能带出门，笔记本必须交回资料室。有一个特殊情况，同意我用中文记录，所以我利用这个机会在保密资料室整整泡了好几天，摘录了不少有关资料。我的笔记本交回资料室，由他们寄到列宁格勒苏联科学院硅酸盐化学所的保密室。后来经过交涉，他们友好地同意，把我的笔记本通过中国驻苏联大使馆寄回中国，这对当时长春光机所的光学玻璃研究，应该起了较大的作用。

苏联科学院硅酸盐化学所所长多罗博夫（Toropof）见我副博士论文内容十分丰富，建议我再留学一年，可直接答辩科学博士论文。但 1959 年国内已经在搞“大跃进”，形势在召唤我们海外赤子，我的心已飞向祖国，完成了副博士论文的答辩后就回国了。但我还想利用回国之前多学习些东西，1959 年底，我又访问了俄罗斯、白俄罗斯和乌克兰等加盟共和国的

阿本(A. Appen) 教授(50 岁)

一些大学和研究所，这回虽然也同样办理了保密手续，但已无法再接触保密单位了。因为这时中、苏两方在布加勒斯特会议上已出现政治上的分歧，影响了两国的交往。

我于 1960 年初乘国际列车回到了国内。这时中国科学院仪器馆已改为中国科学院长春光学精密机械研究所，光学玻璃实验室也扩展为光学材料研究部，我仍回到原来的岗位上继续工作。由于阿本教授的引导，我的科学研究生涯又一次出现了转折，进入了材料学科基础研究领域。我也经常怀念阿本教授，他还寄给我一张五十岁生日时的照片。

A. 阿本教授（1910—1970），苏联功勋科学家，在苏联国家光学研究所从事光学玻璃的基础研究，他以研究玻璃态结构和建立氧化物部分性质计算体系而闻名于国际玻璃界。后来，转到苏联科学院硅酸盐化学所从事表面涂层新领域研究，1970 年去世。

1960年初，我从苏联学成回国，回到已改名的中国科学院长春光学精密机械研究所。大伙有意把我与邓佩珍安排在一起，从事玻璃基础研究工作。在朝夕相处的工作中，我们没有花前月下谈情说爱的时间，却在工作中心心相印，全心倾注于科研工作，同时彼此间也有了进一步的了解，我们的感情在工作中得到了升华。

第4章 科研伴侣

相爱

我求学早，参加工作也早。在大学读书和参加工作时，我都是同辈人中年龄最小的一个。当时由于专心学习和全身心投入光学玻璃的研制工作，都顾不及谈恋爱。1960 年初，从苏联学习回国时，已经 27 岁了，还单身一人。在长春光机所里自己身边的同事和朋友们，如王世焯、姜中宏等都已结婚，他们也十分关心我的婚姻大事。1957 年邓佩珍从东北人民大学（现吉林大学）化学系毕业后分配来所，在光学玻璃研究部门工作。她秀丽端庄、温婉可人，是令人羡慕和追求的好姑娘。可是我已不在所里，远在苏联学习，当时我的“老哥儿们”当然不放弃这样的好机会，积极搭桥牵线向她灌输我的情况，同时也不断写信到苏联来，向我介绍邓佩珍的情况。所以，尽管我们彼此没有见过一面，但也至少心中已产生那么点滴的情愫。

1960 年初，我从苏联学成回国，回到已改名的中国科学院长春光学精密机械研究所。大伙有意把我与邓佩珍安排在一起，从事玻璃基础研究工作。在朝夕相处的工作中，我们没有花前月下谈情说爱的时间，却在工作中心心相印，全心倾注于科研工作，同时彼此间也有了进一步的了解，我们的感情在工作中得到了升华。

结婚

1960 年我们的结婚照

由于我是党员，按组织纪律规定，我自然先要向党组织汇报，正式提出和邓佩珍结婚的要求。但是，在当时的政治环境下，出人意料地发生了挫折，因为邓佩珍出身于“官僚”家庭，她的大哥和妹妹又在 1958 年前后被错划成“右派”，所以党组织不同意我与邓佩珍结婚，并向我介绍一些党员女干部。我不能认同这一决定，就想方设法深入了解她的家庭情况。幸好邓佩珍的二哥邓志伟是个思想进步的青年，新中国成立后参军入党。虽然也因大哥和小妹划为右派的关系已经转业，但他能讲清楚自己家

我们的结婚证书

結　婚　證

自願結婚，經審查合於中華人民共和國婚姻法關於結婚的規定，發給此證。

公元一九六零年拾壹月　日

庭的情况。他们的父亲邓子骏，新中国成立前曾当过国民政府的大法官，因不满当时政府的腐败而主动辞职，后来转为律师并兼职任复旦大学法学院教授。新中国成立后中央领导人林伯渠曾请他去北京，参加制定新中国法律的筹备工作，因他当时胃病复发，在上海医院手术治疗中不幸逝世。我将这些情况如实向党组织做了汇报，组织上最后还是同意了我们这桩婚事。1960 年底，我和邓佩珍举行了简单的结婚仪式，前来祝贺的客人在结婚证上签个名，我们送上两颗喜糖。

婚后的欢乐与悲痛

从 1960 年开始，国家遭遇了三年自然灾害，困难时期大家肚子都吃不饱，我俩从早到晚都在实验室里忙于工作。邓佩珍原是个喜爱文娱活动的人，为了我这个“书呆子”，从此以后放弃了跳舞和唱歌。我受龚祖同先生的委托，在准备总结八年多来我国光学玻璃研究成果，编写《光学玻璃》一书。邓佩珍在准备光学玻璃的基础研究课题——关于玻璃的析晶和分相，筹建 X 射线衍射结构分析设备。我们还合作开展硼酸盐系统光学玻璃的研究。

1961 年底，我们有了孩子，一个漂亮的女孩，除了工作之外她为我们的家庭生活带来了无尽欢乐。为了延续我哥哥家的孩子同一个辈分，给她取名干效梅。但是，三个月后孩子生病，是困难时期营养不足，还是在东北缺乏户外阳光？孩子被送进长春白求恩医科大学（现吉林大学白求恩医学部）医治。邓佩珍守护陪在医院八个月。一个年轻的妈妈看着身旁自己的女儿一天天衰竭下去，何等地痛心。经多科会诊得出一个可怕的结论：先天性骨髓受放射性辐照损伤。我们多无知呀！邓佩珍在怀孕期间还一直在做X射线衍射分析实验，实验设备是自己搭建的，而当时又不懂得对辐射线的防护。送走了来到世上仅生活了一年的孩子，并对邓佩珍封锁了消息，也停止了她的晶体结构分析工作。当时我正在开拓激光玻璃这个新的科研领域，我劝她参加这个新领域。为了安慰她失去孩子的痛苦，我们再想要个孩子。1963年底我们又生了一个女孩，三个月后我们害怕了，发现孩子又出现与上一个孩子一模一样的病情，医生也束手无策。

这时中央准备开展“激光反导”工作，设立专项工程，批准建立中国科学院光学精密机械所上海分所，专门从事高能激光技术研究，我是当时激光钕玻璃课题的主要负责人，我们俩获准参加了上海分所的建设。1964年5月我们抱着孩子从长春来到上海，一下火车就直奔上海儿童医院住院，并带去了两个孩子的病历。上海先进的医疗条件也无法挽救孩子的生命，孩子不到一岁也走了。简直是晴天霹雳，我们心碎了，我们绝望了！我们不能再要孩子了！后来，我们抱养了我哥哥最小的，还只一岁多的侄儿干效东作为我们的孩子。我们只能把我们的悲痛融化到工作中去，埋头做好所承担的科研工作。邓佩珍还做出了果断的决定，她从原来光学玻璃基础研究领域转到新的激光晶体领域。因为她不希望再和我同在一个研究领域工作，以避免有人讲她的科研成果总是在我的领导和帮助下完成的。她是一个坚强独立的人。

以后的几年，我们全身心地投入激光材料的研究和开拓工作。我们还是相互关心、帮助，不断总结以往的科研工作，我们皆取得了成就。邓佩珍是我国第一位从事全氟化物光学玻璃研究的人，她发表于《中国硅酸盐学报》的《全氟化物光学玻璃的研究》一文被美国情报刊物AD全文转译发表；由我编写而她参与收集资料和写作的《光学玻璃》和《硅酸盐玻璃物理性质变化规律及其计算方法》专著分别于 1964 年和 1966 年由科学出版社出版。在激光材料这一新的领域中我们仅迟于美国发表钕玻璃激光器一年，也发表了在钕玻璃中产生激光的成果。在《科学通报》英文版上发表的“掺钕磷酸盐激光玻璃”的结果还早于国外。从 1963 年开始，激光钕玻璃的输出能量，每年提高一个数量级，到 1966 年已决定作为高能激光器的主攻方向。那时我们都是 30 多岁的人，是一种经历了痛楚之后的自在宽容，也是我和邓佩珍 47 年琴瑟相和之中的青涩痕迹。

1960年我从苏联回国，回到长春光机所光学材料研究部工作，这时龚祖同先生自1958年已转入红外变像管的研究，他要求我总结过去那七八年的光学玻璃的研制工作，为此我开始思考编写《光学玻璃》这本专著。这是集体共同的研究成果，是大家一起撰写的，我本人仅仅是作为本书的编辑者和主要撰写者。

第5章 奋力追赶

悠悠岁月

从1956年秋我去苏联学习，到1960年初学成回国，仅仅三年多时间，但国际和国内形势变化很大。国际上，中、苏两国政治分歧日益明显，1959年苏联从中国开始撤出援助156项大型工程建设的专家，中国在经济和技术发展上更要靠自力更生，独立发展。国内经历了“大跃进”的浪潮，正在进行调整，接着受三年困难时期困扰。20世纪中叶，世界科学技术都有大发展，计算机、半导体、自动化、激光技术等的诞生和发展，使我国面临着挑战，要奋起直追。

20个世纪60年代初，面对国外敌对势力对我国实行封锁和孤立的形势，中国靠独立自主、自力更生发展原子弹和导弹技术。首先，中科院光机所为我国原子弹爆炸研制的3000次/秒高速摄影机改装配备光冲量计，在1964年第一颗原子弹爆炸试验中获得宝贵的光测数据。第二，与此同时承担了导弹技术的光学弹道测量系统，代号为“150 工程”任务，研制大型光电经纬仪。为完成该项任务，组织了全所近一半的科技力量和试制工厂的大部分技术工人，以多学科的综合技术，实行联合攻关，终于在1965 年底研制出样机。这谱写了我国自行设计和制造大型光学精密测量设备的历史篇章，奠定了中科院光机所的主要研究方向。第三，在激光问世后，激发了我们一批有关基础光学、光谱学以及光学材料的年轻科研人员的热情，挑战新科技领域，与国际上仅相差一年时间，我国各类激光器也相继出现，这与中科院光机所这些年建立起来的各种技术基础有着直接

1962 年中科院光机所建所 10 周年，1951 和 1952 年参加中科院仪器馆建设的元老合影（第一排左起：梁浩明、卢国深、刘颂豪、宋从武、李冠冰、王勤，第二排左起：王之江、陈国勋、丁衡高、唐九华、张佩环、沈人骐、崔志光、干福熹、潘君骅，第三排左起：钟永成、杨秀春、邓锡铭、谭维汉、王乃弘、王世焯、刘顺福）

关系。

悠悠岁月，我们这一批 1952 年大学毕业参加建所的人员，看到中科院光机所的发展，同时也看到自己的成长，无比高兴。从这里当选中国科学院院士的就有 8 位：干福熹（1980 年）、王之江（1991 年）、邓锡铭（1993 年）、唐九华（1993 年）、陈庆云（1993 年）、姜中宏（1999 年）、刘颂豪（1999 年）、陈星旦（1999 年）。还有工程院院士 3 位：丁衡高（1994 年）、姚俊恩（1996 年）、潘君骅（1999 年）。我们都在这个现代光学摇篮中成长，也都在为我国光学事业的发展作出自己的努力。

1960 年初，我回到长春中科院光机所时，龚祖同先生已从光学玻璃研制转到红外夜视这一新的领域，1962 年他去西安组建中科院光机所西安分所。我感到龚祖同先生希望我协助他去西安组建特种玻璃纤维和纤维光学方面的工作，但他看到我已投入到新兴的激光技术，也知道我婚后遭受孩子病亡的不幸，所以龚先生难以启齿提出，我不能协助我的老师筹建新的单位，在我心里至今感到内疚、歉意。

《光学玻璃》专著的出版

1956 年初，龚祖同先生曾向我提出要总结 1952—1956 年这四年的光学玻璃研制工作。但是，这些年因为我先去了昆明 298 厂帮助筹建光学玻璃生产车间，接着又去苏联学习，未能完成龚祖同先生的嘱咐。1960 年我从苏联回国，回到长春光机所光学材料研究部工作，这时龚祖同先生自 1958 年已转入红外变像管的研究，他要求我总结过去那七八年的光学玻璃的研制工作，为此我开始思考编写《光学玻璃》这本专著。这是集体共同的研究成果，是大家一起撰写的，我本人仅仅是作为本书的编辑者和主要撰写者。

长期以来，世界各国的光学玻璃公司皆以专利保护为由，不对光学玻璃作系统介绍，而且光学玻璃研究也较少和玻璃的物理与化学基础研究相结合，这方面长期处于经验摸索中，国际上还缺少一部比较系统的科学论著。我们在写作这本专著时，也广泛地参考了国外在玻璃基础研究和光学玻璃研究试制方面的资料，主要总结我们在不同方面从事和光学玻璃有关的研究成果。全书分为三篇。

第一篇为光学玻璃的物理和化学基础。作为光学玻璃的理论基础，首先对玻璃本身的物理和化学性质作一了解是非常必要的。姜中宏在研究光学玻璃新品种中，对不同玻璃系统的玻璃生成规律做了不少研究，因此由他撰写《玻璃生成规律》一章。为了获得稳定的玻璃，首先对它们各自系统的玻璃生成规律必须要有了解，应该是这一章的重点。本篇的其余各章皆由我负责撰写。因为，在苏联学习的三年中，我的博士论文工作的主要方面是研究玻璃的结构、性质和成分，以及它们之间的相互关系。当时我已查阅了苏联和英、美、德的有关玻璃结构和物理性质的许多文献资料，从苏联回国后，已着手建立根据硅酸盐玻璃成分计算其物理性质的方法。这些都成为我编撰《光学玻璃的物理化学基础》的主要资料。

第二篇为光学玻璃系统和品种。光学玻璃品种是按玻璃的折射率值 n_D 与色散倒数 ν_D（阿贝值）为坐标上的位置而分类的，按照它们的成分属于不同的玻璃系统。我的同事蒋亚丝主要承担了介绍并撰写光学仪器对光学玻璃的要求、常用商品光学玻璃和新品种光学玻璃各章。常用光学玻璃大部分为硅酸盐玻璃，以及硼硅酸盐、铅硼硅酸盐和铅（钡）硅酸盐玻璃。我在苏联进行论文准备工作时，主要是研究硅酸盐玻璃中氧化硼

（B_2O_3）和与氧化铝（Al_2O_3）共存时的特殊性质变化。熔炼和制备了 200 多种硅酸盐玻璃，同时测量它们的十几种光学和物理性质。到 1964 年，这方面的研究成果，我用俄文相继在苏联《应用化学》、《固体物理》和全苏玻璃态会议上以及国内《中国科学》上发表了 10 篇相关文章，所以，硅酸盐玻璃系统这一节，主要应用了我的博士论文中的数据。为了进一步了解若干新品种光学玻璃的性质变化规律，我和钟奖生、邓佩珍开展了硼酸盐玻璃和磷酸盐玻璃系统的研究。

含稀土氧化镧的镧冕和镧火石是新品种光学玻璃的主要品种。20 世纪 40 年代，王大珩先生在英国钱司玻璃公司，为发展镧冕和镧火石光学玻璃，做了不少的实验研究。20 世纪 50 年代末，在长春光机所刘颂豪和姜中宏的领导下，进行了多个含稀土氧化物（Y_2O_3，La_2O_3）的玻璃系统的研究。当时由于实验数据不便公开，未能写入本书内。

第三篇为光学玻璃工艺学。针对光学玻璃生产工艺的几个主要过程，讨论了它们的基本原理，其中对工艺设备、国内外的先进经验，以及新工艺方法，都作了表述。特别是光学玻璃的精密退火，这是获得玻璃的物理均匀性很关键的工艺过程。王大珩先生在英国期间所进行的一系列工作，对玻璃光学性质和热处理的关系，不同退火规程对玻璃内应力和光学均匀性的影响，加压条件下退火等问题的研

《光学玻璃》第一版（1964 年）

1978 年，《光学玻璃》专著获中国科学院重大科技成果奖

究成果及很多的实验资料，尽收录在书中。光学玻璃连续熔炼生产工艺，是在第二次世界大战时美国发明的。它具有生产量大、可节省能源、熔炼周期短和质量好等优点，是光学玻璃生产工艺发展的主要趋势。国外从20世纪50年代末期已广泛采用。当时由龚祖同先生建议并开展了连续熔炼试验，也取得一些进展。

龚祖同先生特别为《光学玻璃》专著撰写了一篇全面、系统介绍光学玻璃的“绪论”，更使这本书蓬荜生辉。

《光学玻璃》（第一版）于1964年由科学出版社出版，很快在中国玻璃技术界流传。20世纪70—80年代，这本书不仅在光学材料专业方面作为必读书，而且还作为全国玻璃专业的重要参考书籍。而今我常听到五六十岁的玻璃界技术业务骨干讲：我们是读了你的书成长的。听了他们的肺腑之言，我也感到十分欣慰。1978年全国科学大会上这本书获得中国科学院重大科技成果奖。本书获得重大科技成果奖，体现了国家对当时光学玻璃研发基地的集体奖励。

《光学玻璃》是一本中文专业书籍，它也在亚洲流传。1978年北京玻璃厂从日本保谷玻璃公司引进眼镜玻璃片的连续生产线，保谷公司的光学玻璃技术总负责人泉谷彻郎（Izumitani）博士到北京后，拿着《光学玻璃》这本书寻找我。我们在上海见面时，他对我说：“我写过一本介绍光学玻璃的小册子，没有你写的这本书系统和全面，这是世界上第一本光学玻璃专著。”同时，泉谷彻郎邀请我访问日本。1979年11—12月，我受邀请访问日本两周，泉谷彻郎博士全程陪同。还参加了第20届全日本玻璃会议，会上我作了《无机玻璃物理性质新的计算体系》的特邀报告。在访问京都大学、名古屋大学、大阪大学、保谷玻璃公司等单位中，与日本玻璃界建立了广泛的联系。这可以讲是以《光学玻璃》这本书作为媒介起

《光学玻璃》第二版，上、中册(1982年)、下册(1985年)

的作用。

《光学玻璃》一书在20世纪70年代已销售告罄，由于各方面还有需求，80年代初科学出版社希望我们再版。这时离我们撰写这本书已过了20年。这20年来，光学玻璃无论品种上和制造工艺上都有很大进展，所以我答应再版时修改补充。在修订再版之际，我们仍保留了原书的编排系统，全书仍分三篇。但在第一篇把玻璃的光学性质扩大为独立的一章，并增加了较多内容。重写了玻璃物理性质的计算一章，增加了可以进行计算的玻璃性质和系统。在第二篇中，为了适应光学玻璃品种的新发展，增添了钛硅酸盐玻璃系统、氟化物玻璃系统以及硫系化合物玻璃系统等三章。由于光学玻璃工艺在这20年有较大的革新，书中原来介绍的工艺方法和设备显得陈旧，因此做了较大的改变，仍由原来各章节的撰写人完成。最后龚祖同先生在他75岁高龄之际，还为本书“绪论”作了补充。

由于书的内容和篇幅有较大增加，因此《光学玻璃》以三个篇章分为上、中、下三册。书的上、中册于1982年12月出版，下册于1985年8月出版。该书进入20世纪90年代之际，皆已销售一空。

特种光学玻璃的需求和发展

从20世纪50年代进入60年代之际，在军事科学技术上，由于核武器和航天导弹技术得到了迅速发展，应用于这两项军事领域的光学玻璃，除基本的光学玻璃性质外，还有其他特殊的需求，我们称为特种光学玻璃，主要有两类：耐辐射光学玻璃和红外光学玻璃。苏联援建的光学玻璃项目在成都208厂（现成都光明玻璃厂），按照原本协议，苏联要进一步提供生产光学玻璃的技术资料，但被中止，国家兵器工业部原来计划在成都208厂生产军用光学玻璃，因此受到了影响，希望我回国后立即着手研究。这是我回国后第一件必须要做的研究工作。

对于军用光学玻璃来讲，最重要的是耐辐射光学玻璃，即在核辐射下，所有光学玻璃不会着色，继续保持高透明度，不然我们所用的所有观察和探测的军用光学仪器就会全部失效。在当时的国际背景下，自主研究这类耐辐射光学玻璃，已是国家的急需任务，责无旁贷地落到长春光学玻璃研制基地。在X射线辐照下玻璃变色，从机理和实验两方面，国外已有不少研究，因为玻璃早就用在制造X光管和X射线的仪器上。我们首先

1964年，从事特种光学玻璃研究的老同事合影（左起：干福熹、姜中宏、王世焯、孙仲鸣、齐亚范、钟奖生）

要解决的是光学玻璃的多品种问题，当时研究了不同系统的无机玻璃的着色机理，同时从实践出发，我们选择了 γ 射线做辐射源，经过两年多的实验研究获得了不少结果，以后的两年里，有近百个品种的光学玻璃都进行了耐辐射化的实验，以 γ 射线辐射的剂量分别为 10^5 和 10^6 伦琴下改进玻璃的化学成分，完成了 500 序号的中国耐辐射光学玻璃系列的实验研究成果。

但是，耐辐射光学玻璃的实验研究结果，能否适用于核武器实战条件下光学玻璃的耐辐射性能还不清楚。因为在核爆炸情况下，γ 射线的辐射剂量可能要大于 10^7 伦琴，同时还有快中子、慢中子和热慢中子的产生，对光学玻璃都会有影响，因此，必须将这个系列的光学玻璃在核爆环境中进行测试，最后才能确定中国自制的耐辐射光学玻璃产品的研究结果。我们从事这项研究的科技人员正等待这一天的到来。

1964 年 5 月，我离开长春到上海参加中国科学院光学精密机械研究所上海分所的筹建。同年 10 月 14 日，我国成功地进行了第一颗原子弹爆炸试验，震惊了世界。我们非常振奋，不仅为我国自力更生、艰苦奋斗实现核技术的突破，感到欢欣鼓舞，也为我们已经可以进行核爆现场效应实验而喜悦，这是最终判断我们研制的耐辐射光学玻璃系列成功与否的关键。1964 年底，我接到了通知，要我们研制的耐辐射光学玻璃系列参加下一次的核爆炸现场试验。1965 年初我赶到长春，和我的同事与助手孙仲鸣工程师、齐亚范助理研究员进行商量和认真的准备，不久孙仲鸣和齐亚范两位参加了核爆炸现场实验人员的培训。

我国第二次核爆炸试验，地点在新疆吐鲁番马兰 20 号基地，时间是 1965 年 5 月 14 日，能量为 2 万吨级，中等威力，空投爆炸。我们参加现场效应实验的样品，是一批普通光学玻璃和相对应的耐辐射光学玻璃，在距离爆炸中心的不同位置上放置了样品架。第二次原子弹空投试验也取得圆满成功，我们派出的人员，第二天就在现场取出样品进行实地测试。现场效应实验结果表明：爆炸中心所放置的样品架子整个不见了，只剩下立柱，而放玻璃样品的盒子是从架子位置附近的地下挖出来的，玻璃表面有麻点，而距离爆炸中心最远的样品架完好无损。这个现象表明，核爆产生的冲击波对不同距离的样品影响是不同的；对玻璃受辐射的作用从不同玻璃的样品看，一般普通光学玻璃在中等威力核爆炸条件下均变黑，透过率大幅下降，而耐辐射光学玻璃则在完全相同条件下，变黑程度轻微，透过率下降很小。我们还每隔一定时间，定期监测样品的透过率变化情况。根据核爆炸现场效应实验结果，我们很快改进了耐辐射光学玻璃的配方和熔制工艺，确定了耐辐射光学玻璃系列，由中国科学院长春光学精密机械研究所把500序号的耐辐射光学玻璃的技术资料和产品标准移交给有关生产厂家。但是根据保密条例规定，有关进行现场效应实验所涉及内容，现场效应实验报告以及一切记录数据统一归档，交由中国科学院长春光学精密机械研究所档案室按机密级存档。参与这项研究工作的科技人员，如我的同事与助手孙仲鸣，本应该可以作为晋级的成果材料，因被封存受到影响。2010年8月我去长春，到了阔别多年的长春光机所，老同事相见激情澎湃，回忆往事感慨万千，封存46年的科技档案——“中国耐辐射光学玻璃系列研究”成果终于解密了。

红外光学玻璃也是我从苏联回国后与同事王世焯合作研究的项目。因为火箭技术的发展，在其发动和起飞时，它的尾部火焰温度的光谱区域在红外，由此发展了红外跟踪和制导技术，它们的光谱分别在两个区域：近红外区域（2~5 μm）和中红外区域（5~15 μm）。需要研究透过这两个光谱区域的玻璃材料，制成相关的部件，如整流罩，用于火箭和导弹技术。我们在技术方案上确定了两个方面：一是氧化物红外光学玻璃；二是非氧化物红外光学玻璃。

氧化物玻璃的红外本征吸收带在5~6 μm，而一般氧化物玻璃在2~5 μm光谱区会出现透过率下降，其主要原因是由于玻璃结构中有羟基（OH^-）和水分子（H_2O）在3 μm左右产生的强烈吸收，因此去水是一项关键的技术。另外，为了使玻璃的红外本征吸收极限移向长波段，就要在玻璃的化学成分中引入重金属氧化物，如BaO，La_2O_3，CdO，PbO，Bi_2O_3等。玻璃生成体氧化物也要用GeO_2，TeO_2来取代部分SiO_2，这些都牵涉到很多玻璃配方的调整工作。因此，这项研究工作连续进行了五六年，获得了实用化的高温近红外（2~5 μm）光学玻璃，并做成了制品（如红外整流罩）。1965年王世焯等获得国家发明奖。

至于非氧化物红外光学玻璃的研究，鉴于红外本征波长的限制，氧化物玻璃不能成为中红外（5~15 μm）光学玻璃的基质，需要开拓非氧化物玻璃新基质材料。1963年我还在长春光机所时，和毛锡赉助理研究员就开始了硫系玻璃的研究。硫系玻璃是以硫化砷（As_2S_3）、硒化砷（As_2Se_3）、碲化砷（As_2Te_3）和硒化锗（$GeSe_2$）为主体的硫属元素化合物的无机玻璃，其红外光谱透过可达5~15 μm。这类玻璃的制备方法完全不同于氧化物玻璃，当时没有在长春完成，而后随着人员的变动，这项研究工作于1964年5月迁至上海新建的中国科学院光学精密机械研究所上海分所继续进行。我们虽然研究出硫系玻璃的实验样品，经过物理性质等测试，考虑到它的硬度、软化温度都太低，不宜用于作为材料而改变了用途，后来形成红外光学纤维，发展了低熔点玻璃的拉丝工艺。这种玻璃的损耗系数每米小于10分贝（10 dB/m），可用于红外传感器和短距离的红外光纤传输。这些硫系红外光学玻璃和后来开拓的氟化物光学玻璃的研究，为以后红外光纤通信和发展新型红外激光玻璃创造了条件。

我国第一台掺钕玻璃激光器的诞生

1960 年 5 月，美国休斯公司梅曼（C. M. Maiman）研制成功世界上第一台红宝石固体激光器后，国际上相继出现了氦氖混合气体激光器（1960 年 12 月，A. Javan 等），掺钕玻璃激光器（1961 年 11 月，Snitzer），p-n 结 GaAs 半导体激光器（1962 年，Hall 等）。我国大概在国外出现第一台上述各激光器后的一年左右时间也研制出同类的激光器：红宝石激光器（1961 年 9 月，王之江等），掺钕玻璃激光器（1962 年 4 月，干福熹等），掺铀氟化钙激光器（1962 年，刘颂豪等），含钕钨酸钙激光器（1963 年 11 月，刘顺福等）。此外，1963 年 7 月成功地完成氦氖气体激光器的运转（邓锡铭等），1964 年研制成功 GaAs 半导体激光器（王乃弘等）和转镜开关短脉冲激光器。这批优秀激光科研成果的获得，基本上都集中在中国科学院长春光学精密机械研究所。这是因为在王大珩、龚祖同老一辈光学家的带领下，经过 10 年的努力，建立起较强的和较完整的光学材料（如光学玻璃和晶体）及光学单元技术（如薄膜和气体放电）的技术体系。同时已经培养出一批意气风发和思想活跃的青年光学科研人员，像邓锡铭、王之江、王乃弘、刘颂豪等，领导自己的研究团队，紧跟世界研究的前沿，奋力追赶发展步伐，在自己的研究领域做出了成果。我 1960 年初从苏联回国，从事固体光谱学研究的刘顺福也于 1961 年从苏联回国，我们迅速地建立起玻璃发光和固体光谱学的研究，同这批思想解放、满怀踌躇的科研人员，积极地投入迎接 20 世纪 60 年代初激光新技术出现的新高潮。

从我进行光学玻璃研究的方面来考虑，我觉得既然在掺杂的晶体（红宝石即为掺铬氧化铝的晶体材料）中能产生激光，那么在掺杂的玻璃中是否也能产生激光？当时国际上也未见到玻璃中产生激光的报道。要研究适用于产生激光的玻璃材料，首先要从玻璃的吸收光谱、发光光谱、自发辐射几率和受激辐射几率、振动光谱等研究着手。我自己知道，从基础理论上去分析，一方面自己必须很好地去学习固体光谱学，特别是固体发光学，另一方面也根据我多年从事玻璃基础研究中有关玻璃结构和性质的知识去研究和分析。于是在 1961 年，我提出用掺稀土元素离子的玻璃做激光工作物质最有可能产生激光的观点，同时着手进行掺各种稀土离子玻璃的光谱研究。1961 年 11 月，美国率先研制成功掺钕玻璃激光器，我们奋力紧追，1962 年 4 月，中国第一台掺钕玻璃激光器也成功地实现了激光的输出，跻身于国际这一新兴的科技领域。

随后，我充分利用光学玻璃的理论和工艺基础，以及对激光技术这一新技术的深入探索，于 1965 年在国际上首先观察到掺钕磷酸盐和氟磷酸盐玻璃的激光，还首先报道了钕玻璃激光的二次谐波（即激光的倍频）与 14 种稀土离子在玻璃中的光学和光谱性质。所有这些，为以后研发出中国激光钕玻璃系列，建立激光钕玻璃的生产，对中国高能和高功率固体激光器的发展作出了重要的贡献。

中国第一台固体激光器——红宝石激光器

1964年1月，经过国家计委和国家科委的批准，建立中科院光机所上海分所。随后中国科学院指示，调出中国科学院光学精密机械研究所全部早期从事激光研究人员及相关技术人员200余人和中国科学院电子研究所量子电子学和波谱实验室50余人进入上海。上海市委和市政府决定，划出上海长江光学仪器厂和竞明光学仪器厂作为中科院光机所上海分所的试制工厂。还让出在上海嘉定的原华东电子测量研究所和华东力学研究所的全部用房，作为中科院光机所上海分所的初期所址。仅用半年时间，就建立起最早的中国激光科学研究基地。

第6章 投入中国早期激光技术的研发

强激光技术的问世

我国早期激光技术得到迅速的发展，归功于党和国家的重视和关心，中国科学院的直接领导与支持，在这里特别要提到的是时任中国科学院党组书记张劲夫。1963 年 8 月他陪同朝鲜科学院代表团来长春，当时正在召开第二届全国激光学术讨论会，他亲自到会鼓励与会科技人员，并讲道："发展这门新技术要考虑一些非常措施。"什么非常措施呢？这意味深长的话语，在后来的发展过程中，使我不断地回味，也被事实所证明。

第一，成立全国激光技术领导小组，张劲夫任组长，亲自领导，并要求各级领导给予大力支持。第二，组建中国科学院光学精密机械研究所上海分所。第三，把激光技术的研究纳入《1963—1972 年全国科学发展规划纲要（草案）》。在规划中特别强调发展高能激光器的重要性，并作为中国科学院光学精密机械研究所上海分所的首要任务。第四，积极组织国内外学术交流和科技情报的研究。这些“非常措施”积极促进了我国早期激光技术的发展，更体现了国家发展激光事业的决心。从1961年到1966年，我积极投入中国早期激光技术的研发。

1960年激光问世，由于激光光束的相干性、单色性、方向性都相当好，或者说，是一种亮度极高的光，它比自然界最强的太阳光还亮10亿倍以上，因此很自然地想到激光可以制成高能量的一种光束，应用于高硬度和高熔点的材料加工。事实上激光早期的应用方向之一，主要在各类特殊材料的钻孔、切割、熔蚀、焊接等方面。随着激光器的输出能量和功率的不断提高，20世纪60年代已经有人提出把激光作为武器的设想。

当我们现在翻开《毛泽东文集》第八卷352页（中共中央文献研究室编，人民出版社1999年6月出版），记录了约在半个世纪前，中国对激光技术用于战略防御中的决心。早期的情况已公开解密，所以就此做一简要的介绍。

1963年12月16日，毛泽东主席在听取国务院副总理兼国家科学技术委员会主任聂荣臻汇报十年科技规划时插话：“死光（即激光——编者按），要组织一批人专门去研究它。要有一小批人吃了饭不做别的事，专门研究它。没有成绩不要紧。军事上除进攻武器外，要注意防御问题的研究，也许我们将来作战中主要是防御。”1964年初国家成立了战略防御计划的专项，激光防御为其中的手段之一，这充分表明我们党和政府对激光用于战略防御的敏锐和重视。就是在这一背景下，1964年5月中央特批建立中国科学院光学精密机械研究所上海分所（简称中科院光机所上海分所），并肩负着国家的激光发展战略任务。

我最早参加了激光防御工程计划设立的讨论。当时把固体激光器（红宝石和钕玻璃激光器）作强激光的首选，而1964年初我负责的钕玻璃激光器的输出脉冲能量已超过几十焦耳，大于红宝石激光器。在早期筹建中科院光机所上海分所时，我只是部分时间参加，因为当时我还是长春光机所光学材料研究部主任，工作中心还是以长春为主，兼任上海的工作。激光防御任务确认后，张劲夫亲自决定，我的工作以上海为主兼顾长春，使我能有更多时间全身心投入在上海建立强激光的材料研究基地。

上海分所

1964 年 1 月，经过国家计委和国家科委的批准，建立中科院光机所上海分所。随后中国科学院指示，调出中国科学院光学精密机械研究所全部早期从事激光研究的人员及相关技术人员 200 余人和中国科学院电子研究所量子电子学和波谱实验室 50 余人进入上海。上海市委和市政府决定，划出上海长江光学仪器厂和竞明光学仪器厂作为中科院光机所上海分所的试制工厂。还让出在上海嘉定的原华东电子测量研究所和华东力学研究所的全部用房，作为中科院光机所上海分所的初期所址。仅用半年时间，就建立起最早的中国激光科学研究基地。

中科院上海光机所西所大门

我负责建立激光材料研究室，开始的人员只有 40 多人，主要是从长春光机所

激光玻璃和激光晶体部分迁来上海30多人，北京电子所波谱学部分配近10人。1964年在上海新进了大学毕业生近10人，招收了技术工人2人和转业兵20余人。分别建立了激光玻璃熔制、人工晶体生长、原料和化学分析、物理性质测定、材料光学质量检验以及光谱和激光性能研究等实验室。

高能激光器使用的5 m钕玻璃棒

为了今后研制大尺寸的激光材料，由上海市科委出面主持四个方面的会战：稀土氧化物的提纯和量产（上海耀龙化工厂），高纯石英砂的生产（湖州石英粉厂），大尺寸激光红宝石晶体的生长（中科院上海硅酸盐所），大尺寸掺钕激光玻璃的熔制（上海新沪光学玻璃厂）。研究、生产相结合，会战成果是显著的，经过两三年，在上海已研制出直径20 mm、长度1 m的激光红宝石棒和直径40 mm、长度2 m的激光钕玻璃棒。1968年制造出直径120 mm、长度为5 m的钕玻璃棒，这种尺寸的激光钕玻璃棒和输出的激光能量都是世界领先水平的。

筹建合肥强激光基地

中科院光机所上海分所经过一年多的发展，从国家统一分配本科大学生和中专生中分别招入 300 多人（64 届和 65 届大学生及中专生），到 1965 年底中科院光机所上海分所的在册人数已超过千人。由于激光器的规模不断扩大，钕玻璃激光器的输出能量达几千焦耳，还需要开展相应的激光打靶试验，在上海继续发展将会遇到问题。1965 年中国科学院党组书记张劲夫提出要建立“小三线”，要在两三年后迁到安徽省合肥市董铺岛。1965 年 3 月，中国科学院党组、安徽省委批示：同意成立中国科学院合肥董铺工程筹建委员会，负责中科院光机所上海分所和中国科学院电工研究所（简称北京电工所）部分研究工作及人员的迁移和管理。合肥董铺岛试验基地主要承担高能激光辐射武器的试验靶场，以后简称“合肥基地”。

这时候中科院光机所上海分所正值“四清”运动，原来所领导皆“靠边站”，上海“四清”工作队领导要我出来负责业务领导工作，并要我筹划“合肥基地”。1965 年 5 月，我第一次飞往合肥。临行前听人介绍，这个董铺岛是一个半岛，在董铺湖边，草木繁盛。当飞机飞到合肥上空时（原机场在市区边），的确看到绿葱葱的一个湖和一个半岛，我想环境不错。下飞机后被告之，这是我下榻的安徽省宾馆“稻香楼”，董铺岛离城 20 千米以外。第二天我们乘了一个小时的车，沿着两边无人烟的道路到达董铺岛。这是个方圆约 12 平方千米的细长的半岛，岛内的确种了不少树木，还有果园，也有几座建筑框架。原本在这里准备建宾馆，三年困难时期（1960—1963）停顿，现有一排解放军在守卫，防止盗窃。我到此的第一感觉，此处无法开展高技术研究工作，不能考虑很快从上海迁来。1965—1966 年我两次去“合肥基地”，与合肥董铺岛筹建委员会负责人蒋天然（抗战和解放战争时，安徽知名的游击队司令）商议了基建规划和步骤。我们向中科院党组汇报，目前不具备搬迁条件，最后决定高能激光的关键技术还必须在上海解决。“合肥基地”的基建开始后，修建了高能电感能源站、实验用房和家属宿舍等。不久“十年动乱”开始，搬迁之事暂停。我也下台受“监督劳动”和“隔离审查”。

1970 年 10 月，将原中科院光机所上海分所改为中国科学院上海光学精密机械研究所（简称中科院上海光机所）。不久，在“合肥基地”筹建了中科院安徽光机所。1972 年，上海光机所派遣“小分队”，由刘颂豪（中科院院士，1999）带队去合肥董铺基地进行高能激光打靶试验，应用了中科院北京电工所所建的电感能源站。

积极参加国内外学术交流

在中国激光诞生后蓬勃发展的初期，从 1962 年到 1964 年召开了三次全国激光学术讨论会议。在长春召开第一届（1962 年 1 月）和第二届（1963 年 7 月）全国激光学术讨论会。我国光学界老前辈严济慈参加了第二届激光学术讨论会，听取了所有报告，并提出了殷切的希望。有关专家评述过这两次会议：“第一次会议，通过理论和实验论证，解决了中国激光技术的研究是否具备了条件。第二次会议，则反映了中国各类激光器竞相发展的盛况。”两次会议推动了全国早期激光技术的发展。第三次全国激光学术讨论会于 1964 年 9 月在上海召开，此时，中科院光机所上海分所刚建立不久，严老和张劲夫一起主持了这次会议。这次会议，实际上是各路会师，形成了初见规模的中国激光科技队伍，展示了中国激光的早期蓬勃发展，也明确了下一步的研究方向。在这几次国内激光研讨会中，我介绍了中国光泵固体激光器的发展，特别是掺钕玻璃激光器从开始出激光，一直到几十焦耳输出的实验结果，受到各方面的关注。

20世纪激光技术产生和发展主要在西方。60年代初期，我国还没有与大多数西方国家建立外交关系，只有和英国有半建交的一种方式。中国科学院1963—1966年优先批准我国有关科技人员出访英国，参加与激光有关的国际会议。中科院党组书记张劲夫找我谈话，希望每次有出国任务，我都能参加，保持了解国外激光动态的连贯性。那期间我四次出国参加了国际会议和考察，在西方对我国技术封锁的情况下，能够了解到国外的激光发展动态，以利于对西方科技情报的研究和借鉴。

1963年11月—1964年1月，以英国皇家学会邀请的名义，派出激光考察小组（黄武汉、邓锡铭及我），去英国考察激光技术。我们较规范地参观了著名的大学，以及Rutherford国家实验室等，并与英国皇家学会建立联系。当时熊向晖代办专门和我们讨论，如何加强中国在新技术方面和国外的联系。

1964年9—10月，派出王守武、周炳琨、刘顺福及我等5人去英国参加在赫尔（Hull）召开的“国际发光会议”和在伦敦召开的“国际激光会议”。这是第一次国际激光会议，到会的人数并不多，约100人。在会上我首次遇见苏联科学院应用物理研究所的普罗赫洛夫（1968年诺贝尔物理奖获得者），以后我们建立了联系。

1965年9月，我与另外一位同志去英国马尔文（Malven）参加“国际远红外和亚毫米波会议”。会议在马尔文雷达研究所召开，这是一所保密单位，平时是不容易访问的，会议的目的明显地表明企图用远红外激光作雷达，用于军事探测。

这种访问考察对中国激光发展是十分有益的，可惜因“十年动乱”而中断了10多年。

1976年初，我收到美国固体物理考察代表团布洛姆伯根主持撰写的《中国激光工作的对比》报告，其中写道："中国科学院上海光学精密机械研究所的激光技术比美国落后了三五年，……好像这个所未经过'文化大革命'冲击……"我立即回了信，阐明了我们的意见：这是你们过高的评价，我国整体激光技术的水平要比美国差很多。我把这封信的内容转告了陆铭书记，考虑到此事的利害相关性，他安排我去上海市"五七干校"继续劳动改造。这是陆铭暗中对我的保护，避免了在反击"右倾翻案风"中再次受冲击。

第7章 “文化大革命”——十年动乱

政治风浪

我的政治生涯很简单，1951年在浙江大学读书时参加了中国新民主主义青年团，1955年在中科院仪器馆加入了中国共产党。入团、入党与积极工作是我报效国家和人民培养我成才的愿望。因为我出生在独立劳动者的家庭，自己经历过旧中国的苦难，对共产党有深厚的感情，对新社会有无限的热爱，不论继续上学读书，还是提前毕业参加工作，都是一个积极向上、要求进步的青年。解放初期，我经历了一系列的政治运动：镇压反革命、“三反五反”、抗美援朝、思想改造等，都是政治运动的中坚分子。在党团组织的帮助下，我在浙江大学入学后第二年加入了团组织，工作后兼任基层团组织的领导工作。对于我这样一个团员和团干部，继续进步，要求入党，是严于律己，勤奋进取的政治追求。我不知疲倦满腔热忱忘我工作的表现，得到大家的公认。经过努力，1955年，最终被吸收到党的组织。我还记得入党介绍人对我说的话，也没有忘记举起右手在党旗下的誓言。

1956 年我被派往苏联学习，三年后回所工作，担任的最高行政职务也就是研究室或研究部主任，在党内也一直是党支部和党委委员。1963 年提倡干部双肩挑，我是室主任兼党支部书记。1963 年 9 月中科院的《科学报》以《既能管好研究室，又能拿出研究成果》的通讯报道了我，把我推到“又红又专”的风口浪尖上。1965 年中科院光机所上海分所开展“四清”运动，原班所领导“靠边站”，由四清工作队主持全所工作，成立临时党委，我是从长春来的干部中唯一进入党委的人，同时被推到负责全所科技业务工作的领导岗位。

被监督劳动

1966 年春天，“文化大革命”运动开始，我听毛主席的话，自己积极主动“斗私批修”。1966 年秋我出差到北京，“文革”开始转入内部，我正好在北京大学，看到铺天盖地的“大字报”，主要涉及的对象为院、系“又红又专”、政治业务“双肩挑”的领导干部。对照这些内容，我意识到我将成为批判斗争的对象。回所后不久，我们所也进入抢班夺权，我很快被戴上了两顶帽子：“反动学术权威”、“走资本主义道路当权派”，停止了领导工作，也不能参加具体科研工作，被挂着黑牌去接受“监督劳动”。

中科院光机所上海分所虽然是保密单位，在“文革”这场政治运动中也无法逃避社会环境的影响。当时进驻我们所的是军宣队，由于我们所的问题是从“四清”运动转到“文革”来，矛头开始还是集中在原来的主要领导干部。对我这个人是有争议的，所里有人要打倒我，但也有人要保我，因此产生了“保干派”与“造反派”的两派争论。因为我家庭出身较好，有业务能力，军宣队也在保我，还想“结合”我。一年多时间内，我每天早上在所门口，列队向毛主席请罪，然后进行院内除草、打扫厕所、挖防空洞等体力劳动。我不能进图书馆和实验室，但下班后仍可以回家。我思想上丢不开科研工作，我的爱人邓佩珍就想方设法，从所图书馆借出专业期刊带回家给我阅读，暗地里帮助我继续研究和整理我的玻璃性质计算体系的工作。我业余还自修日文，甚至想今后不当领导，自己总可以做点具体的科研工作。

1967 年夏，邓佩珍怀孕了，我们本已不想再要孩子了，就去上海妇婴保健医院申请流产。那时正好是“文革”动乱期间，老医生被赶到门诊看病，医德高尚的老医生看到邓佩珍已 30 多岁了，为什么还不要孩子？觉得很奇怪。当问清了我们无奈的苦衷后，约我们俩一起去医院谈话，并向上海市儿童医院调来了我们前面两个女孩的病史。经医生研究后告诉我们，邓佩珍停止放射性工作已超过 5 年，可以生育了。1968 年 3 月我们的第一个男孩诞生了，我们希望他能健康成长，要像松柏那样常青，就取名为干效松。我正在“监督劳动”，倒也有时间回家帮邓佩珍带孩子，孩子给我们家增添了无穷的欢乐。

成了“特嫌”

到 1968 年，在“工人阶级占领上层建筑”的口号下，工宣队进入光机所。他们不了解情况，在“怀疑一切”、“打倒一切”的思潮影响下，“抓特务”浪潮从长春光机所席卷到上海光机所，许多人无辜地被怀疑成“××特务”，尤其从长春和北京来的老同志，因承受不起诬陷折磨，竟有人被迫离开人世。我也不能幸免，并戴上了三顶“特务”的帽子：“国民党特务”、“苏修特务”和“英国特务”。平心而论，这些莫须有的罪名都非常可笑，所谓“国民党特务”就是因为我1952年分配来仪器馆工作，一直在指导我研制中国光学玻璃的前辈龚祖同先生身边工作，他在抗战时期参加过国民党，曾任兵工厂负责人。就这样，我成为他发展的小“特务”。把我派往苏联学习，因为成绩较好，受到苏联方面赞扬，并能参观保密的研究单位（当时国内给我办过保密手续），就此也成了“苏修特务”。至于“英国特务”，那是因为1964—1966年期间，时任中国科学院党组书记的张劲夫决定，希望能系统地了解国外激光发展动态和情况。那时中国与外界的信息相当封闭，科学院四次去英国参加国际会议和考察，每次组团都有我，的确是不同寻常的事。就这样，我背着沉重的包袱，被“上海市革命委员会”正式划为隔离审查的对象，关押了8个月，完全失去了自由。

这时，我家里上有80多岁的老母亲，下有6岁的长子干效东和刚出生6个月嗷嗷待哺的次子干效松。邓佩珍既要工作又要支撑起这个家，不时还要应付造反派对她的盘问。1968年，“珍宝岛事件”发生，中、苏关系直接开始冲突。在全所召开的批斗大会上，我这个“苏修特务分子”被作为批斗的靶子。当我的身躯被压成“喷气式飞机”押到会场台上，邓佩珍看到我多天不修面，满脸胡子拉碴，惊讶地发呆，没有举手喊“打倒干福熹”的口号，立刻遭受造反派围攻，但她坚定地讲“他不是反革命”。在这颠倒黑白的日子里，我周围还有一群持有正义感的知情、知心同事和朋友，他们无时不在默默地照料和保护邓佩珍和我的家，至今我都对他们怀有感恩之情。

1968 年底的一个晚上，我又一次被提审，我拒不承认这三项莫须有的“特务”罪名。在押送我回关押室时，我见一轮明月照在刚下过雪的路上，叹息了一声。押送人立刻问我为何叹息，我讲“每逢佳节倍思亲”。他们听后立刻讲，只要你坦白交代，马上可以回家，见你家人。我不予理睬，直接回屋。这晚，他们就用 100 瓦的聚光灯照着睡在地铺上的我的脸，为了使我神志混乱搞“逼供信”。

1969 年春节前，我又被提审，看到屋内一大批人，有军宣队、工宣队及专案组的人。问我为什么会隔离审查我，我讲怀疑我是特务，但我不是。主审人讲，难道我们搞错你了？我见这局面，大概要押送我到监狱去。自己反而镇定和沉静下来，决不讲假话。我说，在《毛泽东选集》“若干历史问题的决议”上也讲到，在第一次国内革命时期，我党犯“左”倾机会主义时也错杀了自己的同志，现在我听候处理。事后几个月，我被释放出来。后来才知，第一批工宣队在上海光机所“抓特务”，越抓越多，到了不可收拾的地步。现在第二批工宣队进来“甄别”，我的问题经过调查已清楚了。回到家里，我的小儿子干效松已 1 岁多了，见到我还认不出。年迈的老母亲，神志已不太清楚，邓佩珍为了不让她着急，只好骗她说，我出差去外地了。这次的经历使我感受到，平时温柔的邓佩珍，还是个外柔内刚的坚强女性。

我还得继续“监督劳动”，不过已不去室外劳动，而在室内打扫厕所、搞清洁卫生。有些善良的工宣队队员暗中关照我说，不要太吃力，要保重身体，现在所里的造反派还不放过你，要耐心等待。

1971 年 11 月 9 日，邓佩珍又生了我们的第二个男孩，因为刚好是十月革命节，所以就取名为干效宁，要他学习列宁。孩子永远是我们家最大的慰藉。

在“五七干校”的日子

1972 年，我正式被“解放”，才有资格和所里职工一起去设在上海郊区奉贤县的“上海市科技五七干校”劳动，接受贫下中农再教育 8 个月。这时，干效宁刚好半岁，家有老母亲和三个孩子，邓佩珍又一次支撑起家。我在干校劳动，思想相对较轻松，挑肥种地，插秧拔草，样样跟着大伙干。虽然大家都关心照顾我，但我还是抢着活干。每个月放假回家一次，看望老母亲和妻儿老小，这段日子过得稍平静。

1972 年 6 月，在“五七干校”期间，我受命出来主持接待诺贝尔奖获得者、美籍华人科学家杨振宁教授。这件事对我个人和对我们研究所都有重要意义。杨振宁教授曾在 1971 年来华参观，未能看到有关激光的科学研究项目，临走时向周恩来总理讲：“激光的产生是当代科学技术的重大事件，十多年来国际上已有很大进展和应用，希望国家能重视。”时隔一年，杨振宁再次来中国访问时，经中央批准，让他来中科院上海光机所参观。这样一来上海光机所就公开了，成为当时接待外宾的主要科研单位。为了接待杨振宁，我相隔 6 年后，才有机会了解我们所的科研工作情况。我非常高兴的是由于有了毛主席对激光防御任务的明确指示，这 6 年中，科研工作未全停顿下来，特别在高能激光方面还是有不少进展，这在当时全国科研单位中还是少有的。杨振宁参观后，十分满意，他特别称赞我们有嘉定这样幽静的环境和研究所自由的学术氛围，但他当然不知道，

6 年中科研人员所受到的残酷迫害与人身折磨。

进入所“革命委员会”

从 1972 年下半年开始，各级组织开始建立三结合的“革命委员会”。

1973 年 1 月，我被结合进“中科院上海光机所革命委员会”。外面调来陆铭同志任党委书记兼革委会主任，我担任副主任分管科技业务工作。我把精力放在建立正常的科学研究秩序，开展上海光机所承担的高能和高功率激光的研究。激光防御工程仍然由我主要负责，那是我较熟悉的工作。

首先去上海新沪玻璃厂，组织开展钕玻璃研制会战，专门为钕玻璃建立研制生产新车间。20 世纪 60 年代是用铂金坩埚熔制钕玻璃，但带来的严重问题是钕玻璃中含有铂金颗粒，钕玻璃棒在强激光作用下引起破裂，严重影响强激光技术的发展。后来我们决定改为在陶瓷坩埚中熔制大尺寸的掺钕激光硅酸盐玻璃，因为我在 20 世纪 50 年代时，积累了在大型陶瓷坩埚熔制光学玻璃的经验，所以这次较快地完成了在陶瓷坩埚中研制掺钕激光玻璃，保证了我所“100 号”高能激光器和“71 号”高功率激光器的研发。

另一项钕玻璃研制任务是发展掺钕磷酸盐玻璃。20 世纪 60 年代初我们首先从掺钕磷酸盐玻璃产生激光，知道掺钕磷酸盐玻璃比硅酸盐玻璃有更高的受激放射截面，现在的任务为研制大尺寸的掺钕磷酸盐玻璃，并要去除玻璃中的水分。我亲自参加这项研究的实验工作。这项研究的结果使掺钕磷酸盐玻璃较早地提供给高功率激光器应用，以后顺利地实现了激光工作物质的更新换代。

1972 年已在安徽合肥董铺基地建立的激光远距离打靶场，是为探索激光大气传输和强激光对目标破坏规律的研究。1973 年，我再次赴安徽合肥董铺岛基地，时隔 7 年后的景象已面目全非，两座主大楼内圈地养羊，羊沿着楼梯爬上二三楼。只有中科院电工所建立的大型电感能源站和上海光机所打靶小分队还在打靶场工作。当时安徽合肥董铺岛基地已改称为安徽光机所，我与当地安徽光机所筹建处协调了“远程静态打靶”和“强光在大气传输中光学现象”的研究工作。年底，采用多级行波放大高能量钕玻璃激光系统（105#），实现了 10 mrad 范围内万焦耳输出能量、脉宽 10 ms 的高亮度的激光。专门研制的口径为 1.2 m 的玻璃发射望远镜，获得 1.7 km 处击穿 0.2 mm 厚铝靶（孔 34 mm × 17 mm）；2km 处将 0.2 mm厚铝靶击成网状的最好结果，取得了许多大气传输数据。翌年，动态打靶已提到议事日程。当时，上海市革委会希望动态打靶安排在上海地区，所以，1975 年我又组织班子在上海市郊佘山和天马山地区调研，规划动态打靶方案。

根据我的建议，成立了所的学术领导小组；为适应我国激光技术内外交流的需要，创办了《中国激光》杂志；开展国际学术交流和有关接待工作，一批国际知名科学家接踵而来。1974 年 5 月和 9 月我分别接待了诺贝尔奖获得者美籍华人科学家李政道博士和美国加州大学非线性光学专家沈元壤教授等。1975 年 9 月，接待了美国固体物理考察代表团，团长为 1965 年和 1972 年诺贝尔奖获得者巴丁（C. Bardeen），还有著名非线性光学专家布洛姆伯根（N. Bloembergen）教授（1984 年诺贝尔奖获得者）。

1974 年，一个新的政治头衔给我戴上，让我作为上海市知识分子代表，参加中国共产党第十次全国代表大会。我作为一个普通共产党员，能够参加党的全国代表大会，深感自己肩上的责任和一生的荣幸。我认定做好自己的业务工作，就是对党和国家的报答。十大会后和以后一段时间有不少政治性的活动，我基本没有参加，也没有与“上海市革委会”的领导联系，我觉得我的政治嗅觉是不灵敏的。

1975 年开始反击“右倾翻案风”，接着“批邓”。我对照自己这几年在所革委会做的工作，我预感到又将受批判，但我也不可能去认错。1976 年初，我收到美国固体物理考察代表团布洛姆伯根主持撰写的《中国激光工作的对比》报告，其中写道：“中国科学院上海光学精密机械研究所的激光技术比美国落后了三五年……好像这个所未经过‘文化大革命冲击……”我立即回了信，阐明了我们的意见：这是你们过高的评价，我国整体激光技术的水平要比美国差很多。我把这封信的内容转告了陆铭书记，考虑到此事的利害相关性，他安排我去上海市“五七干校”继续劳动改造。这是陆铭暗中对我的保护，避免了在反击“右倾翻案风”中再次受冲击。

1976 年是我国政治生活中出现重大转折的一年。年初周恩来总理走了，随后朱德委员长也离开了我们，9 月毛泽东主席逝世，这一系列的悲情在中国大地发生。虽然我已离开工作岗位，第二次进了“五七干校”接受劳动改造，但“四人帮”掀起的反击“右倾翻案风”还在继续，我不知所措。正好建造毛主席纪念堂，需要制造安放毛泽东主席遗体的水晶玻璃棺。因为我还是中国知名的研制玻璃专家，就临时把我从“五七干校”调出，参加了“1 号任务”，直到粉碎“四人帮”。

回想“文革”十年动荡，我反反复复的经历，使我失去了大好时光。当时多想让自己静心坐下来，全心地投入到科学研究工作中去啊！

1978年6月，也就是全国科学大会后，上海市和中科院领导决定，任命我为中国科学院上海分院和上海科学院副院长，兼任中国科学院上海光学精密机械研究所所长、党委委员。这次我又被推到领导岗位，自己深感担子重，压力很大。上海分院内，要我分管数学、物理和信息领域的工作。

第8章 再次投入发展激光科技事业

迎来科学的春天

粉碎“四人帮”，我从心坎里欢迎这场事关中国命运的政治变革。1977年3月31日的上海《文汇报》，在头版头条登载了我的文章《深揭狠批“四人帮” 把科学研究搞上去》。报上还发表了编者按语，号召全市讨论。1977年8月22日，在人民广场，在有十万人迎接党的十一大召开的大会上，我又作为全市革命知识分子代表，在大会上发言，欢庆打倒“四人帮”。

结束“十年动乱”，很多事情需要“拨乱反正”。原来的各级革命委员会需要重组，有关人员需要重新审查“甄别”。我是“文革”中的十大代表，后期又参加上海光机所的领导工作，我非常坦然面对这一切，因为我的心里只想，结束这场劫难后，我有机会全身心投到恢复与发展我国的激光科学和技术事业上去。1977年改组后的上海市革命委员会正式成立，我又被任命为委员。

文汇报

WENHUI BAO　1977年3月31日

毛主席语录

我们一定要努力把党内党外、国内国外的一切积极的因素，直接的、间接的积极因素，全部调动起来，把我国建设成为一个强大的社会主义国家。

编者按：科学技术的现代化直接关系到农业、工业、国防的现代化。科学研究工作应该走在生产建设的前面。多年来，"四人帮"对我国的科学研究工作破坏很大，特别是上海科技界更是深受其害。

"四人帮"及其余党妄图从科技界打开缺口，篡夺党和国家的最高领导权。他们控制了上海科技领导部门的大权，在上海科技战线刮起了攻击敬爱的周总理、华国锋同志和中央其他领导同志的阴风；他们颠倒是非，混淆黑白，在理论与实践、科研与生产、红与专等一系列问题上，把人们的思想搞乱了；他们肆意践踏党的知识分子政策，颠倒敌我关系，打击了广大科研人员的革命积极性。破坏严重，流毒很广。

要尽快地把科学研究搞上去，首先必须紧紧抓住阶级斗争这个纲，深入揭批"四人帮"。本报决定开辟"深揭狠批'四人帮'，把科学研究搞上去"的专栏，彻底揭发批判"四人帮"及其余党在上海科技战线犯下的滔天罪行，彻底揭发批判"四人帮"推行的反革命的修正主义路线，肃清其流毒和影响。今天发表干福熹同志的一封来信，希望科技战线的同志踊跃来信来稿，积极参战，揭罪行，批谬论，划界限，谈认识。我们相信，通过深入开展揭批"四人帮"的伟大斗争，上海科技战线的面貌必将为之一新。广大科研人员将在华主席为首的党中央领导下，为把科研工作迅速搞上去，把我国建设成四个现代化的社会主义强国作出更大贡献。

读者来信

深揭狠批"四人帮"　把科学研究搞上去

1977 年 3 月 31 日，《文汇报》刊登干福熹的文章《深揭狠批"四人帮"　把科学研究搞上去》

1978 年 5 月，国家召开全国科学大会，上海市领导要我参加大会，我欣喜"科学的春天"又来到了。在这次科学大会上，我见到我们党和国家第二代领导人；我还荣获了"在我国科学技术工作中作出重大贡献的先进工作者奖"。到若干年后我才知道，此奖也使我成为全国劳动模范。得此荣誉后，我不想今后再担任什么行政、业务的领导工作，只想有个好的外部环境，尽我所能做好科研工作，我深感我国的科学水平与先进的西方国家相比，差距太大了。我期盼"科学的春天"，我又能在学术研究领域继续攀登，了却自己的心愿。

1978 年 6 月，也就是全国科学大会后，上海市和中科院领导决定，任命我为中国科学院上海分院和上海科学院副院长，兼任中国科学院上海光学精密机械研究所所长、党委委员。这次我又被推到领导岗位，自己深感

1978 年 4 月，党和国家领导人接见参加全国科学大会先进工作者（第 5 排左起第 4 为干福熹）

1978 年全国科学大会个人奖

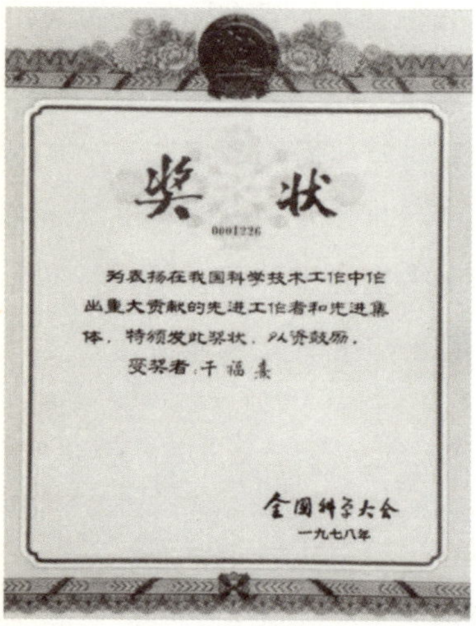

奖状

0001226

为表扬在我国科学技术工作中作出重大贡献的先进工作者和先进集体，特颁发此奖状，以资鼓励。

受奖者：干福熹

全国科学大会
一九七八年

担子重，压力很大。上海分院内，要我分管数学、物理和信息领域的工作。上海光机所经历了“四清”和“文革”的波动，有许多工作要重新做起，主要有：所领导班子的组建、科研体系的调整、重大科研任务的组织、所内重点实验室的建设等等，都是要及时处理和解决的问题，这些事情够我忙个团团转的。但是，还有一件为当时广大科研人员最关心和重视的事，就是在“文革”中停止和积压了 10 多年的各类科技人员提级问题。我整天已经泡在各种会议和事务中，下班回家后还有不少职工找上门来谈事情，或工作，或提级，或待遇……作为党员、所长，我不能拒绝职工来访，我想他们来敲我家的门时，也要有很大的勇气和决心，所以，我尽量做好接待，倾听各种声音，重要问题拿到领导班子讨论。

1980 年向中科院领导汇报工作（左起干福熹、沈诒、中科院秘书长郁文、上海分院秘书长胡永畅）

1980 年底，中国科学院进行领导体制改革，从党委领导下的所长负责制改为所长负责制，这样一来不少行政事务的决策和领导工作都压到我一个人的身上。我深知承担不了这样的重任，我恳求党委书记沈诒，请他协力兼任副所长，有关人事、行政等方面的事仍由他主要负责。应该说减轻了我的一些负担，我们之间合作配合也是很好的。如今，我和沈诒常常回忆起那段时间的相处，都感到十分值得珍惜。尽管这样，我还是很难支撑起研究所的发展局面，因而产生了隐退的念头。

重新确立研究所的发展方向

上海光机所从 1964 年建所开始，就以激光反导为长远目标，以发展高能激光器为主要方向。1966 年前，已确定掺钕玻璃激光器为高能激光器的技术路线。“十年动乱”期间，掺钕玻璃材料和器件仍有较大发展。

但是，高能固体激光器的激光效率较低，并需要有庞大的电源装置，作为地面激光武器，还要克服大气吸收和抖动等问题。在“文革”期间，对于既定的技术路线是不能随便改变的。粉碎“四人帮”后有了自由讨论的条件，因此于 1976 年底经过讨论作出科学结论，决定暂缓激光反导的研究，高能量的光抽运钕玻璃激光系统不再作为辐射武器的主要技术途径。而在 10 多年研究高能钕玻璃激光系统的过程中，发现和解决的一系列理论和技术问题，都属于原始创新的成果。这些工作不仅在当时使高能量激光器的激光性能达到很高的水平，时至今日对发展高能激光器仍富有指导性价值。

1978 年上海光机所的领导班子成立后，我请王之江和邓锡铭两位老同事担任副所长，协助我管理全所的技术业务工作。我们一起讨论，决定把光机所的强激光主要研究方向，从以辐射武器为牵引的高能钕玻璃激光器（100#任务）转到以激光核聚变为目标的高功率钕玻璃激光器方面来，并请邓锡铭主管这方面的工作。

早在 1964 年 10 月，核物理学家王淦昌曾提出“利用大能量大功率的光激射器产生中子”的建议。当年年底，根据国内的条件，果断地选择了钕玻璃激光为大功率激光的主攻技术路线。1965 年 5 月，开设了名称为“高功率激光及其驱动的惯性约束聚变研究”的研究项目（代号为 71#）。1969 年，建立四级行波放大的 10^9 瓦级掺钕硅酸盐激光系统。1972 年用五级行波放大激光系统（20 ns，120 J，6 × 1010 W），利用该系统加热氘化锂靶获得 600 ~ 700 万摄氏度高温高密度等离子体。1977 年利用建立的 10^{11} 瓦的六路高功率钕玻璃激光系统，实现了激光驱动的玻壳明显的向心压缩。1979 年改进了亚毫微秒级的六路激光系统。1986 年底通过中科院的鉴定。在这基础上实现了中国科学院和中国工程物理研究院的合作，上海光机所承担了建立 10^{12} 瓦高功率多路激光装置（简称 12 号装置）。由此确定了上海光机所的主要研究方向。

推动中国激光研究走向世界

至 20 世纪 70 年代末，中国激光研究还处于自封闭状态，能知道一些国外激光研究动态，主要靠国外公开的期刊报道。1978 年全国科学大会召开后，中国的科学技术研究百废待兴，开始得到了复苏，激光科学技术研究对外交流也活跃起来。这时，我已担任了中科院上海光机所所长，出面主持科技外事活动。做成了两件事：一是中国科学院主动组织激光代表团出访国外；二是在国内举办国际激光会议，促使中国激光研究走向世界。

1979 年 2—3 月，应英国皇家学会的邀请，中科院派出由上海光机所刘颂豪（中科院院士，1999）、大连化学物理所张存浩（中科院学部委员，1980）、沙国河（中科院院士，1997）、物理所杨国桢（中科院院士，1999）、吴令安（研究员，翻译）、院部三局刘翔声（副局长）和我七人组成的

1979 年 2—3 月，中国科学院激光代表团访问英国（左起：杨国桢、刘翔声、使馆参赞、张存浩、干福熹、刘颂豪、沙国河）

"激光考察组"，由我带队出访英国，历时三周，访问了皇家学会（Royal Society）、帝国学院（Imperial College）、海莱瓦特（Harriot-Watts）大学、剑桥（Cambridge）大学、牛津（Oxford）大学、赫尔（Hull）大学、爱萨克斯（Esses）大学和苏萨克斯（Susses）大学等 9 所大学，以及卢瑟福（Rutherford）国家实验室、国家物理实验室等 4 个科研单位和 8 家工厂，共参观了 50 多个与激光有关的研究室、组，接触到百余位博士以上的学者。与我在 20 世纪 60 年代初几次对英国访问的印象相比，我们看到英国这 10 多年中激光研究发展较为迅速，无论是激光科研队伍的规模、实验室装备优良程度，还是科研工作的深度和广度都有了很大的变化。由于这次访问，中科院与英国皇家学会建立了激光方面的正式合作关系，此后，中科院向英国正式派遣访问学者，例如上海光机所林尊琪（中科院院士，2005）赴卢瑟福国家实验室访问，学习大功率激光和等离子体物理等。

1979 年 11 月，访问日本大阪大学，由山中千代卫教授陪同参观激光核聚变装置

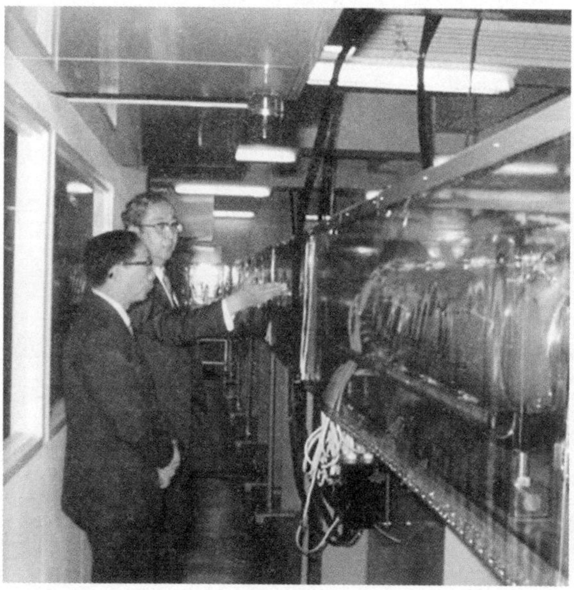

访英回国途中经巴黎时，承法国科研中心的安排，还参观了巴黎第六大学、高等师范学院、多科性理工大学、南巴黎大学和北巴黎大学等 5 所大学和里梅尔原子能中心赫茨光谱实验室等所属激光研究部门。法国的基础研究力量雄厚，思路开阔，他们在调频激光、稳频激光、原子和分子光谱的工

作在世界上有良好的声誉。

同年8月，我访问日本时，参观了大阪大学核聚变中心，会见了该中心主任山中千代卫（Yamanaka）教授，并参观了激光核聚变装置，建立起我国高功率激光技术与日本相关单位的联系。

另一件事情，是值得一提的，1979年12月，应美国光学和量子电子学会的邀请，我和中科院电子所所长吕保维（中科院学部委员，1980）参加了在美国佛罗里达州沃伦多市召开的“79’国际激光会议”，此次距我1965年在伦敦参加国际激光会议，已相隔14年。参加会议人员400多人，来自15个国家。在此次国际激光会议上，我和吕保维分别作了《中国科学院激光研究》和《中国的气体激光器》的特邀报告，这是我国科学家第一次在激光领域的国际会议舞台上与国外同行进行广泛交流。

这次访问的主要收获有两个方面：访问了从事高功率激光和核聚变研究的美国国家实验室，如洛斯·阿拉莫斯（Los Alamos）、劳伦斯·利佛莫尔（Lawrence Livermore）、圣蒂亚（Sandia）、海军实验室（Navy Research Lab.）等。会见了这些实验室的领导和主要科学

1979年12月，和吕保维(左)、王正平(后)访问美国劳伦斯·里·佛摩国家实验室激光部的激光核聚变装置（SIVA），由实验室副主任赫列希特(Horichter)陪同

家，了解到当时美国从事激光惯性压缩聚变的研究情况，建立了后来的联系。第二方面，访问了美国主要从事激光研究的大学，如加州理工学院（Caltech）、加州大学洛杉矶分校（UCLA）、哈佛大学、麻省理工学院（MIT）、斯坦福大学，以及从事激光研究和生产的公司等。会见了美国著名激光科学家，如肖洛（A. L. Schawlow，1968 年诺贝尔奖获得者）、汉虚（T. Hansch，2006 年诺贝尔奖获得者）、雅立夫（A. Yariv）等早期激光和光谱学家。

同年，我在上海接待了美国洛斯·阿拉莫斯实验室前主任波埃尔（K. Boyer）博士、美国加州大学圣地亚哥分校王正平博士和林绍基教授、美国康奈尔大学汤仲良教授以及斯坦福大学肖洛教授。以上这些交流往来为后一年（1980 年）在我国召开国际激光会议奠定了基础。

1980 年 5 月，在中国上海（5 月 5—8 日）和北京（5 月 9—12 日）召开了国际激光会议（International Conference on Lasers），这种会议在中

1980 年邓小平接见参加国际激光会议的外国代表

国还是首次召开，在当时也是中国最早召开的科学技术性国际会议之一。在这次会议上宣读的论文报告共有113篇。与会者来自奥地利、法国、意大利、日本、瑞士、美国、英国、西德以及中国等9个国家。按内容来说，包括激光核聚变、激光物理与激光光谱、新型激光器、光通信、激光医学及其他应用等。这次国际激光会议的规模，当时在其他国家也不多见。会议在上海开幕，大会主席王大珩和我（副主席）分别作了主题报告：《中国激光应用的活动》和《中国激光材料研究》。大会在北京闭幕，在北京期间，我国国家领导人邓小平接见了参会国外代表，表示了我国政府对这次会议的重视和支持。

20世纪80年代，又接着召开了两次国际激光会议。第二次会议于1983年在广州召开，有21个国家和地区参加，宣读和展示了309篇报告。第三次会议于1987年在厦门召开，有25个国家和地区参加，宣读和展示了451篇报告。中国激光科技工作者参加会议的人数和报告数量增加较快，说明国际激光会议的召开，也促进了中国激光科研工作的发展。在此期间，由我主持在中国召开了多次专业性国际研讨会，如

1982年，参加在罗马尼亚布加勒斯特举行的国际激光和应用大会（前排左1沙国河、左2叶碧青、左3干福熹，后排左1程树枫、左3李俊勇）

1986 年在上海召开的国际激光和光学晶体研讨会、1987 年在上海举办的“中国 - 苏联”双边激光研讨会等。1988 年在上海召开了国际激光材料和激光光谱专题会议，从世界各地来了不少专家和学者，会后出版了论文集。

20 世纪 80 年代由我带队出国，参加了匈牙利的“80’光学研讨会”（1980），澳大利亚的“第二届全澳激光会议”（1981）、罗马尼亚的“国际激光和应用会议”和“第三届国际相干光学讲习班”（1982）；1984 年与 1985 年分别访问了东德科学院和日本的光电子公司；1986 年参加 SPIE（国际光学工程联合会）在美国的年会；1987 年参加“高性能光学 - 阿贝（Abe）讨论会”；1988 年参加了苏联召开的“第 13 届国际相干光学和非线性光学会议”和罗马尼亚召开的“国际量子电子学会议”；1989 年率领中国科学院光电子学小组访问了西德和法国。

20 世纪 80 年代以中科院上海光机所为代表，接待了不少国外激光方面的著名科学家和专家，如，诺贝尔奖获得者美国麻省理工学院汤斯教授（1981）、哈佛大学布洛姆伯根教授（1987）、瑞典乌普隆拉大学西厄班教授和苏联科学院普洛赫罗夫教授等。

到 20 世纪 80 年代末，我国已派遣了不少访问学者出国进修，并开始送年轻的博士出国做博士后。中国也开始接受外国的进修生，中国激光研究已经走向世界。

辞去一切行政领导职务

忙忙碌碌、风风火火过了我第一届领导岗位的任期（1978—1982）。

1982 年，中科院上海光机所发展方向评审会合影（第一排左起：干福熹、汤定元、张存浩、李整武、黄宏嘉、王大珩、王淦昌、李薰、钱临照、丁公量、龚祖同、邹元爔、于敏、张子嘉、沈诒）

1982 年秋，中国科学院技术科学部组织了国内知名专家，对我所的学科发展和研究方向进行了评议。借此机会我正好可以进行反思，总结这四五年全所的业务工作。

面对我们所的研究方向，所内持有不同意见：我们所是以强激光为主，同时发展其他激光领域，还是只研究强激光？虽然我个人是研究固体激光材料的，但是，我觉得我们所是当时国内唯一的激光专业研究所，要注意加强激光基础的研究，开拓新型激光器技术。从 1979—1982 年我多次带领中国科学院团组，出访、考察国外激光技术发展状况，看到强激光——大能量和高功率固体激光器的研究，与我们所的情况有所不同。最后评议组肯定了上海光机所的研究方向，“以强激光研究为主，发展激光物理和新型激光器及其应用”。我很高兴，因为这实际上是对上海光机所这几年工作的肯定，应该说，我们所的发展有一个稳定的方向了。

对我个人，在多次政治运动中，最后都未被打倒，也有人认为我是“不倒翁”。我自己总感到我不适合做行政组织领导工作，在这个岗位上是无可奈何的，有点似《诗经》中讲的：“知我者，谓我心忧；不知我者，谓我何求。”同时感到，经过“十年动乱”，耽误了不少新兴技术领域的研究和开发，百废待兴，要有专门人员去开拓，而我自己不必捆绑在行政业务上。

当时，党中央正提出“干部能上也能下”的要求，在这一精神指导下，中国科学院很快制定领导干部改革终身制，实行任期制的政策。我认为这是一个好机会，我在此岗位上已四年多，一届已满，所以想提出辞职。当时，《解放日报》记者李文淇为此写了一篇内部参考，但是，上海市领导没有批准。到1983年，我再次提出请求辞职的书面报告。我的理由有四点：首先，我认为自己并不适合做领导工作，还是适合做学术研究工作，这是我对自己的认识。还有就是一个人在领导岗位上时间长了，可能会出现问题，当时国家正提出“能上也能下”的号召，符合规定。第二，“十年动乱”使我失去了许多做科研工作的时间，我想加把劲弥补回来，同时也希望在科学上开创一些新的领域。第三，我年龄才50多，还算年轻，想把更多的时间和精力放在业务上发展，我还希望能写点文章留给后人。第四，我想带领和培养一批有为的青年人开创新的学科领域。李文淇记者在《光明日报》发表文章，反映了我上述的一些看法。经过我两年的努力，上级领导终于同意了我的请求。到1984年8月，我正式离开了行政领导岗位，嗣后，也陆续辞去了上海市人大常委等政治活动职务。

1964年，我和邓佩珍从长春调来上海，参加筹建中科院光机所上海分所工作。我来上海以后立刻组建近百人的激光材料研究室，包括激光晶体和激光玻璃。组合了从长春光机所带来的激光材料制备技术、化学分析、物理性质测试、激光性能和材料质量检测等以及从北京电子所来的研究固体光谱和波谱方面的人员与设备。邓佩珍来上海后，也作出了果断的决定，她从原来有基础的光学玻璃领域转到新的激光晶体领域。

第9章

我们夫妇共同的心愿和事业

发展激光材料研究，推动对外交流

固体激光材料是固体激光器的核心。激光材料有时也包括透明窗口的红外晶体，它们是气体激光器和化学激光器的关键材料。尤其在发展强激光时，固体激光材料有明显的军用背景，所以这些材料的研究和制造都带有垄断性，特别在美、苏两个超级大国争霸时，竞争激烈。激光材料的原创性的研究工作主要在美国和苏联，特别与强激光有关的材料制造，如激光玻璃，基本上控制在美国和苏联的政府部门。历来美国的大尺寸、高质量的掺钕激光玻璃是由日本保谷（Hoya）玻璃公司和德国肖特（Shchott）玻璃公司制造和供货的，但是它们的开发和生产部分皆在美国，由美国能源部控制。英国和法国建立大型高功率激光装置时，所需掺钕激光玻璃，也须经过美国能源部批准同意。至今大尺寸、高质量的掺钕激光玻璃对中国还是实行禁运的。我参观过保谷和肖特公司分别位于日本东京和德国梅茨（Mainz）的总部和研究室，但未能参观在美国的生产公司。苏联的激光玻璃研究、开发和生产都在苏联国家光学研究所控制下，一般不接待外宾。

很多事实说明，中国激光材料研究在这样的国际环境中，只有自力更生，加强基础研究，才能独立发展；只有在自己有所创新性进展的基础上，才有可能站上国际舞台进行交流与合作。

20 世纪 60 年代初期，当我们已研究出一系列固体激光材料和相应的激光器后，1965 年第一次国际激光会议在英国伦敦召开时，才邀请我和王守武、周炳琨等参加。1974 年王大珩先生率团去美国考察光电子技术，在美国罗切斯特（Ruchester）大学高功率激光实验室访问时，讲到中国应用于高功率激光器的激光钕玻璃是自己制造的，对方就大为惊奇。

1979 年我获邀访问了劳伦斯·利佛莫尔国家实验室（Lawrence Livermore National Laboratory，LLNL）等，参观了美国用于激光核聚变实验的大型高功率激光 Shiva 装置，3 ns 短脉冲输出千焦耳级激光能量。他们了解到我国的强激光器系统的激光材料是自己研制和提供的，就希望与我们建立联系。1980 年 LLNL 激光部主任爱米特（J. L. Emmitt）博士访华，参加了我国召开的国际激光会议，并由我联系与我国有关部门专门讨论了激光核聚变与核爆模拟的问题。1988 年在上海，我主持召开了国际激光晶体和光学晶体讨论会，LLNL 激光部副主任赫列西特博士来华参加会议，并赴北京讨论了核聚变与核模拟相关问题。LLNL 也派人参加在上海举行的 1986 年国际激光材料和激光光谱会议。之后我和邓佩珍分别在 1993 年和 1998 年再次个人访问 LLNL，讨论有关激光材料的破坏问题和新品种掺钕玻璃的发展等，参观了新建的 3 ns 脉冲输出万焦耳能量的大型激光 Nova 装置。由于我个人与美国强激光研究部门有较好联系，因此从 1979—

1997 年近 20 年中，我连续得到 LLNL 激光部门寄来的年度报告，其中有较多的激光材料基础研究方面的内容。

在相当长的时间中，由于政治原因，除了在国际会议上，我与苏联激光材料方面的科学家，如卡明斯基（Kaminski）教授等有接触，其他两国之间没有互访来往。1986 年中苏关系有所缓解，两国科学院拟恢复合作关系之际，中国科学院组成了以我为团长的 10 人激光材料代表团于 11 月 26 日—12 月 15 日访问苏联。参加代表团的皆是我国激光界的骨干，有邓佩珍、马笑山（上海光机所）、汤衡高、郭行安（安徽光机所）、姜彦岛、许祖彦（物理所）、罗遵度、沈鸿元（福建物构所）等。苏联科学院很隆重地接待我们，在莫斯科举行双边激光材料物理学术讨论会。苏方有 48 名代表，来自 10 个直属研究所和 2 个分院，其中包括苏联科学院院士、诺贝尔奖获得者巴索夫（N. G. Basov）。双方各有 10 篇报告，涉及激光晶体的生长和晶体完整性、晶体光谱、固体激光器、半导体激光器和染料激光器等。双方报告都基本上限于基础研究，没有涉及具有重大应用背景的题目。会后还访问了位于莫斯科的苏联科学院结晶学研究所及所属的激光晶体开发部，普通物理研究所所属研究激光玻璃和晶体及其器件的无线电量子电子学部，列别捷夫物理研究所的激光物理研究中心，以及无线电和电子学研究所激光通信、激光玻璃及新激光材料研究室等；赴耶拉万（Yerevan）参观阿尔美利亚（Armenia）科学院物理所激光工作物质，磁共振、非线性晶体及晶体生长车间；又赴列宁格勒参观苏联科学院硅酸盐化学所，这是我 20 世纪 50 年代在苏联学习过的地方，故地重游，对方特意安排的。总之，这次我们比较全面地了解到苏联科学院在激光材料，特别是激光晶体方面的科研情况，结识了不少同行。

1992 年，苏联刚解体不久，俄罗斯当时的处境显得非常困难，中科

1986 年，和邓佩珍参加中科院激光代表团访问苏联，在莫斯科红场

院又组织一次由我带队，由上海光机所范滇元（中国工程院院士，2003）、林尊琪（中科院院士，2005）、张俊洲（研究员，1995）及技术科学学部张绮香和外事局李俊雄组成的高功率激光技术小组赴俄罗斯和乌克兰访问。

在莫斯科再一次访问了俄罗斯科学院结晶学研究所、普通物理所、无线电和电子学研究所。时隔 6 年，这些所的研究和开发工作都有发展。这次我们具体商谈了合作：购买大尺寸非线性晶体，合作研究可调谐激光晶体，邀请专家来华合作研究。

这次我们访问主要的目的，就是突破以往苏联的保密界线，访问以往不能安排访问的单位，如国家光学研究所。这次俄罗斯方面作了很积极的安排，我们访问了国家光学研究所光学材料分所，并且还参观了 2000 人规模的实验工厂和生长熔石英玻璃的 Petrosil 俄美合资公司。我们看到了他们生长的直径在半米以上作光学窗口的单晶，以及近一米的掺钕激光玻璃板，由此可以看到俄罗斯在高能量和高功率激光器的规模。与激光玻璃和晶体分部负责人商谈了购买大尺寸掺钕磷酸盐玻璃和激光晶体 Nd：LiYF 等事项。彼得洛甫斯基所长同意邀请他们的激光钕玻璃专家龙特尔（S. G. Lunter）来华，共同研制激光玻璃。

我们还被意外地安排参观了国家原子能委员会电物理设备研究所，是原苏联制造大型加速器、核聚变装置的研究所，有 1 万多名工作人员，地处列宁格勒郊外的一个地图上无名的小镇。参观了高功率二氧化碳（CO_2）激光器，最大输出功率在 10 万瓦以上；气相沉积制备的硒化镉（CdSe）晶体，晶体直径有半米以上；还为我们介绍了核聚变高功率钕玻璃激光装置的设计等。我们双方讨论了提供元件、材料和合作设计的可能性。在乌克兰参观了乌克兰科学院单晶研究所，有 1000 名以上员工的中试工厂。参观了红宝石、蓝宝石、KDP 等晶体生长车间，KDP 晶体的尺寸也在半米以上。

这次是在俄罗斯刚成立的特殊环境下，访问了一向保密的研究单位，对原苏联的激光材料和相关器件、设备有了深入和全面的了解，我们廉价购买了一批新激光晶体、大尺寸钕玻璃和非线性晶体的样品，比较顺利地达成了今后的合作意向。我们理解了以往美、苏在强激光领域激烈竞争的背景，今后的合作决定于政治环境。的确，当后来俄罗斯政治状况有所理顺后，双方商讨的一些合作事项皆未能实现。1995 年在中国北京召开第 17 届国际玻璃大会，我再次邀请俄罗斯国家光学研究所的彼得洛甫斯基和龙特尔来华时，他们皆借其他理由谢绝参加。

中国激光材料的研究和对外交往，是在美、苏两霸相互竞争中发展的。在 20 世纪 70 年代末到 90 年代中，美国对我们稍有放松，所以，我们可以较多地和美国交流与合作，而到 90 年代后期苏联解体后，怕俄罗斯和我们靠近时，美国对我们的限制也越发收紧。只有靠我们自己的努力，才能打开中国激光材料研究的发展前途。

我和邓佩珍在同一激光材料领域工作，自从我辞去行政领导工作后，我们俩从 20 世纪 80 年代开始，有机会一起出国活动，参加国际会议和考察。我们两人一起出国访问，行动上比较方便，能够接触更多的人和较容易访问一些较深层次的单位。在 15 年中，我们访问了近 20 个国家，积极努力参加了 10 多次有关激光、光电子和材料科学的国际会议，争取了解更多情况。例如，1986 年在美国圣地亚哥（San Diego）参加 SPIE 的年会，会后访问了加州的大学和晶体生长公司。1992 年我们再次访问美国，在休斯敦（Houston）参加国际激光会议。1995 年参加在日本幕张举行的 CLEO 环太平洋会议等。

1986 年，和邓佩珍参加在美国圣地亚哥的 SPIE 年会

在激光材料领域的努力和收获

1964 年，我和邓佩珍从长春调来上海，参加筹建中科院光机所上海分所工作。我来上海以后立刻组建近百人的激光材料研究室，包括激光晶体和激光玻璃。组合了从长春光机所带来的激光材料制备技术、化学分析、物理性质测试、激光性能和材料质量检测等以及从北京电子所来的研究固体光谱和波谱方面的人员与设备。邓佩珍来上海后，也作出了果断的决定，她从原来有基础的光学玻璃领域转到新的激光晶体领域。

为表彰在促进科学技术
进步工作中做出重大贡献，
特颁发此证书，以资鼓励。
奖励日期：一九八八年七月
证书号：电-2-004-01
获奖项目：激光晶体缺陷研究
获奖者：邓佩珍
奖励等级：二等
国家科学技术进步奖
评审委员会

1988 年，邓佩珍等人“激光晶体缺陷研究”获国家科技进步二等奖

1964 年国际上出现掺钕钇铝石榴石（Nd^{3+}：YAG）激光晶体，它具有比红宝石晶体更优良的激光和其他物理性能，国内外展开活跃的研究。国内除中科院光机所上海分所和北京物理所外，当时的中国电子部北京 12 所和兵器工业部昆明 209 所皆投入掺钕钇铝石榴石的研究和开发。从 1965 年起都开展了熔剂法、电阻和射频感应加热肖赫拉尔斯基（Czochralski）法生长 Nd^{3+}：YAG 晶体。1964 年上海光机所邓佩珍领导的熔剂法生长小组用助熔剂法生长了 Nd^{3+}：YAG，外形较好、大尺寸、透明度好。通过籽晶成核的晶体长达 4 cm，重 500 g。20 世纪 80 年代邓佩珍致力于研究掺钕石榴石等激光晶体的缺陷形成机理和分布规律，并与工艺结合，开发了生长无位错的掺钕石榴石晶体的方法，在昆明 209 所得到实际应用。她的研究成果获得全国人工晶体界的认可，“激光晶体缺陷研究”成果获得上海市科技进步一等奖和国家科技进步二等奖（1988 年）。

为了深入开展激光晶体的缺陷研究，邓佩珍不顾 20 世纪 60 年代初做 X 射线衍射实验而受到创伤，给我们生活带来重大痛苦的往事，在我的支持下建设了 X 射线实验室，引进更大功率的细聚焦 X 射线仪，做整块激光晶体的形貌分析。引进当时第一台 Zyko 型全自动激光干涉仪等，建立起激光晶体的精密光学检验实验室，这样把晶体生长工艺和晶体质量研究结合在一起，从而建立起上海光机所发明的温梯法（TGI）和感应温梯上移法（IF-US），开发出质量高、缺陷少、结构完整的激光晶体生长的新工艺。在此基础上，上海光机所创新性地不仅生长出大尺寸优质的高温氧化物激光晶体，并且以后还研制出大尺寸（直径 100 mm）优质的蓝宝石（Sapphire）晶体，获得 2003 年国家科技进步二等奖。

国家科学技术进步奖
证 书
为表彰国家科学技术进步奖获得者，特颁发此证书。
项目名称：大尺寸优质蓝宝石晶体研制
奖励等级：二 等
获 奖 者：中国科学院上海光学精密机械研究所
证书号：2003-J-214-2-03-D01

2003 年，“大尺寸优质蓝宝石晶体研制”获国家科技进步二等奖

从 20 世纪 80 年代至今，激光晶体的一个重大进展是开拓了可调谐激光晶体和可产生超短脉冲的激光晶体，这两种激光晶体的基本要求是在光谱上需要宽的发光线宽，所以过渡金属离子激活是合适的。最早的可调谐激光晶体是掺 Cr^{3+} 铝酸铍（Alexandrite，$Cr^{3+}:BeAl_2O_4$）和掺 Cr_r^{4+} 橄榄石（$Cr^{4+}:Mg_2SiO_4$），中科院上海光机所积极开展了这两种激光晶体的研究工作。从 20 世纪 80 年代末开始，这类可调谐激光晶体发展至今，最成功的是钛宝石，即掺钛的氧化铝（$Ti^{3+}:Al_2O_3$）晶体。中科院安徽光机所首先在国内开展了钛宝石激光晶体的研究，但到 20 世纪 90 年代初，上海光机所邓佩珍小组积极投入钛宝石的研究，在晶体生长和光谱及激光研究上有较快发展。特别应用了上述两种晶体生长新方法，获得掺钛（Ti）浓度高和光学均匀好的大尺寸钛宝石晶体。1990 年我和邓佩珍去美国圣地亚哥参加国际光学工程学会（SPIE）年会，邓佩珍在会上作了钛宝石生长及工艺的报告，引起与会者的震惊。会后美国保谷公司（Hoya Cor-

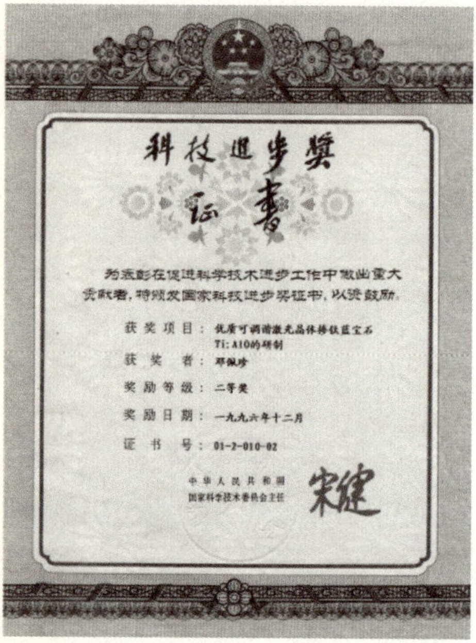

1996年，邓佩珍等人的“优质可调谐激光晶体掺钛蓝宝石”获国家科技进步二等奖

poration USA）顾问爱米特（原Lawrence Livermore国家实验室激光核聚变部主任）和American Xtai高技术公司邀请邓佩珍访问该公司并作报告，也引起日本参加会议的人注意。以后与日本理化所合作，获得光－光转换效率高的超短脉冲激光，使单程增益值达到当时国际上最高值。上海光机所研制的钛宝石开始小批量提供国内外使用。该科研成果获得1993年上海市科技进步一等奖，与安徽光机所联合获得1996年国家科技进步二等奖。

从20世纪90年代开始，我和邓佩珍以及我们的同事和学生们特别关注于掺镱离子（Yb^{3+}）的激光材料，特别在20世纪90年代下半期，半导体激光作为掺Yb^{3+}离子晶体的光泵光源，可以发展成优良的全固态激光器。我们经过了掺Yb^{3+}晶体和玻璃的时间分辨光谱和激光选择的窄线格位光谱的研究，释明了Yb^{3+}离子的浓度猝灭效应低的机理，掺Yb^{3+}激光晶体可能成为有发展前景的高功率激光工作物质。同时，首创了镱和铬离子共掺的自调制的激光晶体。积累了10多年的研究成果，2004年掺镱和四价铬离子激光晶体的研究及应用获上海市科技进步一等奖。

与激光晶体发展不同，我国激光玻璃的研究、开发和生产都集中于中国科学院上海光机所。这项研究工作也较少有条件与国外作实质性的交流。早期的高能钕玻璃的研制工作在1978年全国科学大会期间获中国科学院重大科技成果奖。我于1984年把激光钕玻璃的研制和工艺开发工作，交给我的老伙伴姜中宏、蒋亚丝、张俊洲、朱从善等，以后又转交给胡丽丽、陈伟等我的早期研究生负责。以后掺钕硅酸盐和磷酸盐激光玻璃又分别于1985年和1987年获得国家科技进步二等奖。激光钕玻璃作为激光核聚变的高功率激光驱动器系统的核心材料，从神光I、神光II到目前神光III都是由上海光机所负责，质量以吨计算。今后为激光核聚变的点火装置的建立将起鼎力的支撑作用。

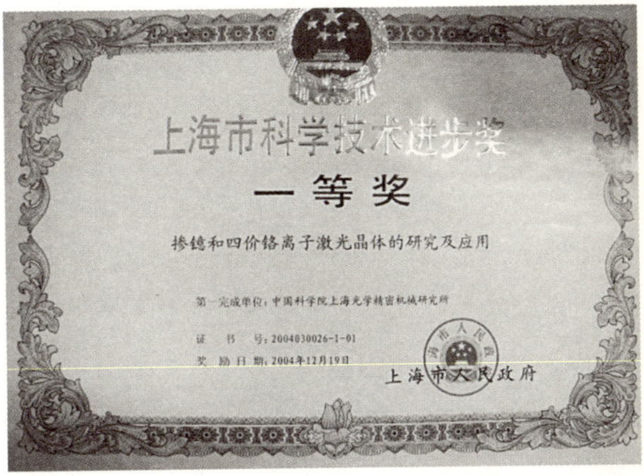

2004年，“掺镱和四阶铬离子激光晶体的研究及应用”获上海市科技进步一等奖

围绕着激光玻璃和激光晶体的发展，从20世纪90年代以来，我还带一些研究生，主要的注意力集中在激光玻璃的物理和光谱方面的研究。首

1985年，“掺钕硅酸盐激光玻璃”获国家科学技术进步二等奖

1987年，“磷酸盐激光玻璃的研究和试制”获国家科学技术进步二等奖

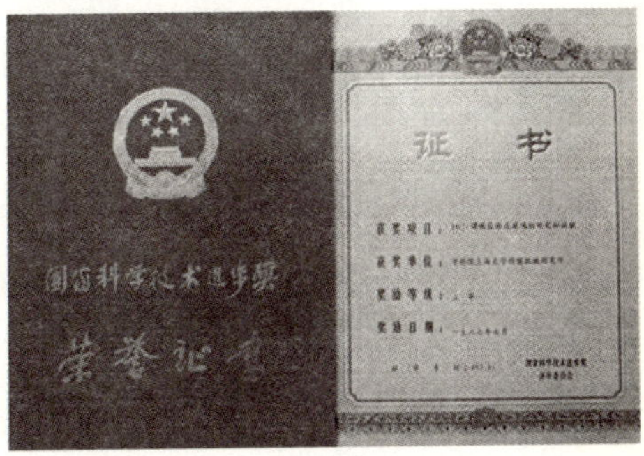

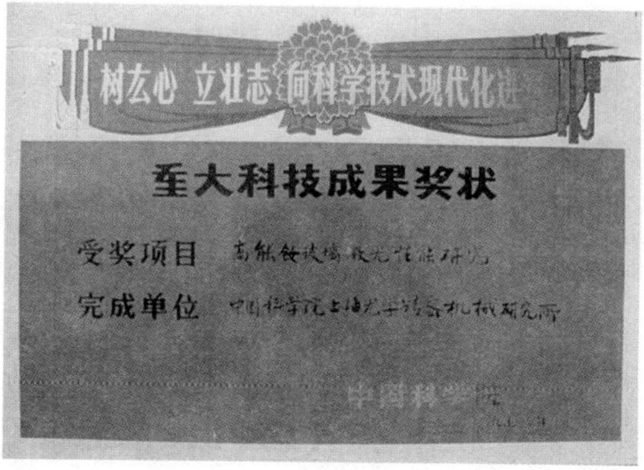

1978 年“高能钕玻璃”获中国科学院重大科技成果奖

先是激光在玻璃中的非线性效应，包括材料的非线性折射率，光束的自聚焦、自弥散和激光引起的破坏，特别注意到在高功率激光系统应用中激光玻璃的非线性效应。为了解激光和发光的浓度猝灭和敏化作用，研究稀土离子间的能量转移的瞬态弛豫光谱和格位光谱。20 世纪 90 年代还研究玻璃中稀土离子的频率上转换和玻璃纤维中的超辐射（自发辐射放大）和近红外（1.5 ~ 3 μm）激光。

编写《激光材料》专著

激光出现后的初期，美国和苏联在研究和发展固体激光材料中占主要地位。美国在激光材料方面的论著都编辑在激光手册中，如伯斯（M. Bass）和斯梯（M. L. Stich）主编的《激光手册》(*Laser Handbook*, 1985)。苏联在 20 世纪 70 年代末，已有激光材料的专著出现，如《激光晶体》（A. A. Kaminski，*Laser Crystals*，1979 年，俄、英文）。1983 年 Springer-Verlag 出版公司物理部曾约请莫兰地（A. Mooradin，美国）、卡明斯基（苏联）和我合写一本激光材料专著，但因各种原因而未写成。1989 年美国王正平博士受世界科学出版社（World Scientific Publishing）邀请编辑《激光丛书》（*Laser Series*）时，请我写《激光材料》一书。当时我想把30年来我们集体在激光玻璃为主的激光材料方面的研究成果，综合写成一书，作为总结来表达集体的智慧和努力。1993年由World Scientific Publishing出版了英文版 *Laser Materials*（《激光材料》）。接着上海科技出版社希望能有中文版出版，我决定约请邓佩珍扩充激光晶体部分，特别是激光晶体的缺陷、晶体生长新方法和新发展的调谐激光晶体，于1996年出版了中文版的《激光材料》（上海科学技术出版社）。这本书概括了我们从20世纪80年代中到90年代中，在固体激光材料领域，我们所在的集体的努力和成果。这也是我们夫妻俩在科研工作中共同奋斗的结果，现在已作为我们在激光材料领域科研生涯中的一个回顾。

《*Laser Material*》和《激光材料》两本书

事隔20多年了，中国大恒集团公司已茁壮成长。我还是难忘这段历史，特别是想念当时与我共同创业的同事，当我突然地离开职位，心中还是很内疚的，对不起由我相邀而前来参加组建公司的朋友和同事们。2009年我离开大恒集团公司20年之际，我们有幸在北京重逢相聚，这些老同事和老朋友共同回忆这短暂的三年，我们经历的曲折和成功。

第10章 体制改革——办企业

研究所改革

中国科学院自1952年以来，先后创办了六个光学研究所，它们是长春光机所、上海技术物理所、西安光机所、上海光机所、安徽光机所和成都光电所。在20世纪80年代中期，这六个光学研究所已经在传统光学、激光、红外技术和光电子技术等领域进行了大量的开拓性工作，取得许多研究成果和大量应用产品，以及形成了有关元器件、材料等生产试制能力，为国家的经济建设，特别是国防建设提供了先进的光学装备。当时在光学领域的一些基础性研究，有的已达到和接近国际水平，为国家科学事业作出了重大的突出贡献。这六个所在职员工人数近万人，约占中国科学院全院职工的八分之一，其中各类高、中、初级科技人员有4300余人，同时还有各研究所附属的配套齐全的加工厂（职工有3600余人），这支光学技术队伍是我国现代光学技术科学发展的中坚力量。

这时候国内市场经济正在兴起，燎原之势不可阻挡，国家和社会都要求科学技术与生产相结合，进一步提高生产力，充分发挥“科技是第一生产力”的作用，呼吁科技体制改革在社会上掀起了热潮。我们六个光学所面临着如何适应国家大力发展商品经济的需要，增强自身的发展能力的问题。

1986 年 12 月 17—27 日，中国科学院六个光学研究所的所长和有关人员在北京开会，研究分析情况，认为目前研究所的体制一直沿袭原苏联的模式，在市场经济的形势下，缺乏竞争力和适应性，不利于项目的研究开发；同时面临着国家对科研事业费的压缩，因此研究所必须走出去，自谋生路。与会者认真地讨论了如何进一步加快科技体制改革的步伐，借鉴西方大的集团公司办研究所的方式，依靠国家的方针政策和自己的力量，在改革开放和市场竞争的形势下，闯出一条发展我国科学技术的新路。

办企业——这成了大家的共识。会议提出，要把研究所改为公司，改变现行结构和管理体制，成为从市场需要出发，组织商品生产为目的，实行技工贸相结合的科技生产经营综合实体。这样的体制可以克服过去研究所存在的弊端，如研究与生产条块分开及忽视科研成果的转化、鄙薄技术性工作、不屑经营实业的习惯等。共同倡议建立中国大恒集团公司，作为企业的经济实体，具有独立法人地位，实行自主经营、独立财务核算、自负盈亏的科研、生产、经营的综合体。实行董事会领导下的总裁负责制，六个光学研究所转制后的公司就是第一批董事会的成员单位。在自愿互利的原则下，也吸收其他相关企业实体参加。同时充分利用国家对外开放的有利条件，积极吸收外资和利用外资，逐步把公司发展成为外向型企业。

集团公司的发展方向，应明确以光电子技术为主要的发展目标，着眼于开发新产品，开拓新市场，还应积极承担国家的攻关项目、“863”国家计划、国家自然科学基金以及重大的基础研究任务，不断增强在国际光电子领域中的竞争能力。中国科学院光学研究所的改革方案，呼之欲出的“中国大恒集团公司”的名称，在京城以及六个光学研究所刮起了一阵旋风，1987 年 1 月，由周光召院长签发的中国科学院文件《中国科学院光学研究所改革方案》，上报国务院总理、各副总理和国务委员。当时的国务委员宋健看后称道：我为这个倡议的产生而振奋、鼓舞。……如果这个改革实现了，将是一个创举，相当有创造性……

当时我已从行政岗位上退了下来，正忙于“863”高技术项目的初步规划的制定，以及专注开拓光信息数据存储技术领域研究课题，虽然对改革方案表示关心，还是没有接受中科院要我出面参加筹建工作的要求。

中国大恒集团公司的成立和筹建

1987 年 2 月，周光召院长来电话，指名要王大珩、张宏（时任中科院技术科学部副主任）和我负责公司的筹备，并安排张宏和我担任中国大恒集团公司的正、副董事长，要求我到北京参加筹建工作。科学院党组已作出了决定，我个人只好服从。

3 月间，我参加中国科协召开的常委会到了北京，会议期间王大珩、张宏和我三人会面商议筹建工作时，感到赵紫阳总理办公室对《中国科学院光学研究所改革方案》只是认为这种变革很好，但没有作专门批示，不好办事。所以，想出由王大珩和我出面给邓小平写信的主意，同时附上中国科学院的报告，由张宏直接送邓小平办公室，这事很快办妥了。事后我们才知道，邓办把信和报告转到了赵办，赵紫阳总理和副总理都作了圈阅，并责成张劲夫以中央财经领导小组名义负责办理。

1987年4月29日下午，在北京中南海小会议室，由张劲夫主持召开中央财经领导小组专门办公会议，有负责科技口的国务委员宋健以及相关部委领导出席会议。中国科学院周光召院长、院计划局张云岗局长（后来任政策局局长、院副秘书长）、王大珩和我参加了会议。我首先代表筹备组向各位领导介绍了《中国科学院光学研究所改革方案》的报告。张劲夫是“文革”前中国科学院的党组书记，对科学院本身很了解，也很熟悉我们，他指着大珩先生和我说，这两位中科院学部委员都要求办公司了，你们（各部委领导）都要支持。办公会议很快通过了会议纪要，会后不到10天的时间，于1987年5月7日作为中央文件的“会议纪要”很快发了下来。我从中看到，中央不仅肯定了我们的改革方案，而且也希望我们能闯出一条投资省、速度快、效益高、中国式的发展科学技术的新路子，积极为国家改革开放和经济建设服务。国家对这个改革方案给予一系列的优惠政策，如同意公司的各研究所总的科研事业费五年保持不变；每年本应削减的费用约一千万元，转作大恒集团公司的基金；（五年内）创造的利润免征所得税；五年内新增创汇实行“倒三七”分成，即集团公司得七成，上交国家三成；集团公司享有对外进出口权、技术合作和合资经营的自主权以及在海外设立企业的权限等。可以说，中央给了很大的支持和期望。中国大恒集团公司在这样的大好形势和有利条件下成立了。我担任副董事长、总裁和法人代表，就此“上了船、下了海”，大有“长风破浪会有时，直挂云帆济沧海”的感觉。

1987年我主要抓了三件事：一是建立起大恒集团公司的行政和技术领导班子，协助我并开展各项工作，使企业管理经营业务运转起来。从中科院所属的单位调进人员，其中有何锟瀚（时任院三局光学处处长）、邓树森（高能所研究员）、潘厚仁（空间中心研究员）担任副总经理；邢骏

（北京大学教授）和宋菲君（北京光学研究所所长）担任部门领导；王刚（中科院物理所研究员）和王哲恩（中科院上海光机所研究员、气体激光研究室主任）作为总裁助理；冯晔（院外事局）为办公室主任。二是组建各研究所的大恒集团分公司，了解各研究所的发展方向、任务，特别是科研开发工作，为确定中国大恒集团公司发展的主要任务做准备。三是为建立外向型企业开展考察，并与境外有关企业建立了合资公司。首先我与王大珩先生、邓锡铭研究员（1993 年当选中科院学部委员）赴海南特区进行考察活动；还与邓锡铭、汤星里（中科院上海光机所研究员）赴香港考察等。我们着手改组了中国科学院技术科学部与深圳市开发区合资组建的科深光学公司，明确了主要业务是光学和激光元器件的加工任务。该公司由我兼任董事长，邓锡铭担任总经理，为了积极开展南方业务并打算成立大恒集团南方分公司。我们在上海市建立了与美籍华人科学家王正平博士主持的美国 Globle Tech 公司（激光技术公司）合资的科望公司，主要是开发、生产和销售激光晶体和光学元件，我兼任董事长，汤衡高（中科院安徽光机所研究员，后任中国科技大学党委书记）出任总经理。经过多方努力，我们在香港特别行政区建立了独资的科恒光学公司，作为中国大恒集团公司的对外窗口，张宏和我为投资人，以个人的名义方式出资 50 万美元作为注册资金，分别担任正、副董事长，杨耀宏（时任湖南进出口公司驻香港公司经理）任总经理。

经过一年的努力和各方面的支持，中国大恒集团公司初具规模，但与西方大企业集团相比，有很大的差距，要发展壮大步履还很艰难。我经过这一年的实践活动和调查研究，清楚地意识到，光学所的改革方案中的主题应是转变体制，实行“公司办所”。但是，这种西方大企业集团的做法，目前在我们这里还很难实现。主要原因就是企业的发展目的是要向社会提供不同商品，因此必须建立强大的生产和经营的基础与实力，公司属下的研究机构直接为企业新产品研发服务，形成市场竞争力，这也是西方国家企业长时间形成的模式和积累的实力。我们现在的各光学所的科技活动主要精力放在研究开发上，即使能够试制少量的产品和装置，与批量生产还相差很远，我们需要时间去形成批量生产的工艺、设备、生产链及经营管理系统。这样的路子还需要走很长一段，所以，中国大恒集团公司的发展目标，是把主要的精力放在适合国民经济发展的要求和市场需要的高、新技术产品的开发和生产上，尤其形成批量生产的能力，同时协调各光学所各类产品的开发生产工作。如果要把高新技术产品打入国际市场，还需要时间寻找和选择国外高新技术公司进行合作。我的这些体会和认识于1987年底向周光召院长作了汇报，并在1988年初召开的大恒集团公司董事会上得到确认。

1988年在执行董事会的决议中，我的主要精力放在选择和开发高新技术产品。在北京，大恒集团公司总部重点选择开发新型激光加工设备和光学检测设备。这两项成套设备可以集中公司系统的优势力量和技术，很快形成产品投向市场，服务于国民经济建设的需要。新型激光加工设备的成套研究开发由邓树森副总经理负责领导，各光学所的分公司承担激光器生产，中国大恒集团公司总部负责设计配套成激光加工设备，希望能和德国西门子集团公司下属的Rofin-Sinar公司合作。光学检测设备以开发专用光学干涉仪设备为主，由宋菲君总工程师负责领导，选择了德国从事汽车刹车装置的Jurib公司合作开发光电实时干涉仪设备。这项合作项目于1989年初我率团赴德国考察时，以中国大恒集团公司名义与Jurib公司签订了合作协议。

在1988—1989年的一年多中，六家光学所都以自己较强的实力和规模，研究开发光学和激光材料及其元件，同时也选择与几家外资企业商谈合作项目，其中有：

1．各类眼镜的开发生产。与香港和记-黄埔集团讨论这项合作，由中国大恒集团公司组织各类眼镜的玻璃制造、光学加工以及装配，和记-黄埔集团中“屈臣氏”连锁店承担产品销售。1988年上半年，和记-黄埔集团派出一位有经验的英籍开发经理和译员来内地，对几个主要城市进行考察，写出一份市场调查报告。同年6月，我和邓锡铭、汤星里赴香港考察“屈臣氏”连锁店的销售网、物流系统、香港眼镜公司等，在和记-黄埔集团总部，与业务主管及律师商讨合作协议。

2．平板显示器的基板玻璃的生产和合作。当时各类（液晶、等离子体）的平板显示器刚上市，基板玻璃是关键的材料。香港一家印尼籍华商投资公司，已与德国肖特玻璃集团公司下的电子基板公司合作，准备在广东东莞建立生产平板显示器的基板玻璃公司。根据我的以往经验，该生产厂建立在福建省福州市开发区较为适宜。1988年9月我访问了福州市，商量投资建厂和组织当地光学玻璃方面的技术力量。1989年3—4月，我在德国参观了肖特玻璃集团的研究开发（R&D）中心，访问并洽谈了基板玻璃生产和合作事宜。

3．人工晶体生产和宝石加工项目。六个光学所都有人工晶体生长和加工的科研与技术力量，但都集中在激光晶体和光学晶体上。装饰宝石，除天然宝石外，还有人工晶体，而香港是世界宝石贸易的主要城市。1988年5月，我与当时上海光机所所长王之江（中科院学部委员，1991）以及上海大恒公司科技和管理人员一同赴泰国。泰国也是世界宝石的集散地，此行主要考察和商谈与泰国一家钢铁公司合资兴办宝石晶体生长、加工和鉴定的生产型企业。1988年、1989年我两次到香港与香港宝石协会商议开展人工和天然宝石的生产加工和鉴定。

4．纤维光学材料、元器件的合作。法国福特纤维光学（Fort Fibres Optiques）公司希望与中国大恒集团公司建立全面合作关系。当时各类光传输纤维、纤维传感器以及光学纤维元器件正在发展之际，其中各类光学纤维生产是一个关键。1989 年 4—5 月，我在法国考察光电子技术时，访问了福特纤维光学公司，签订了合作备忘录。在我去法国前，法国驻华大使馆经济参赞还专门宴请我，希望能合作成功。

这三年（1987—1989）中，还有一些与光学领域不太有关系的非主业开发生产项目的商谈，如 1989 年香港某投资公司希望与中国大恒集团公司合作开发马来西亚森林资源，建立起从伐木开始的森林木材制造产业。1989 年我在马来西亚参加国际硅和锡化学会议期间，特邀请我乘上直升飞机，低空飞行观察原始森林。这三年我出国参加国际学术组织活动、学术会议、专业考察等 18 人次，我都利用这些机会，为中国大恒集团公司开展了从事对外合作和合资业务的商谈活动。

缺乏决心“下海”，只湿了一只脚

这三年（1987—1989）的中国大恒集团公司的筹建工作，对我来讲既是不熟悉的，但又是一种新鲜的和有刺激的工作，深知自己不是一个懂经营、善管理与领导企业的人才，尽我所能做了一些工作，主要想推动公司朝外向型高新技术模式发展。国家给予大恒集团公司这么多的涉外权利，有不少兄弟公司的领导很羡慕，曾对我这样讲：“你用这些权利光拿到进、出口批文，就能发大财。”“你们有这样的政治背景，有这么多的资金，去搞房地产，一定会赚大钱。”……但是，我们没有这么做。我心中十分清楚，自从参加公司筹建开始，我就虚位以待，希望有人，特别希望比我年轻的人来接替我。这是我来北京时就向周光召院长表示过的，这三年中周光召院长的确也设法找过人，但始终没有找到理想的人选。科学院内外有人讲干福熹是搞基础研究的，当总裁是闹着玩；有人还讲我是“跷二郎腿”的总裁，这些风言风语还不少，我都没在意。说实在话，我在集团公司的管理层中，只考虑公司的发展方向和策划，具体项目都有明确的分工负责，不需事必躬亲，这是我的习惯，更为主要的是我对“下海”缺乏决心，现在只是湿了一只脚，而这只脚在 1989 年下半年给拔了出来。

1989 年下半年，国外的产业公司给中国大恒集团公司发来一份份的电文，取消与我们商订的合作协议、备忘录等，这无形中给我吹了冷风，我想把大恒集团公司办成一个外向型高新技术公司的远景被击碎了。当时我对形势的估计的确比较悲观，同时我也不愿意与这个政治背景太强的公司牵连太多，便下了决心离开。当年底我离开了中国大恒集团公司。这是我 60 年科研生涯中的一段重要插曲，我参与并亲身经历了国家改革开放的政策落实的具体活动，知道了一些科研开发后的有关事情，对我长期工作在研究所这样“象牙塔”中的人，是一次磨炼，也是一次很好的接受教育的机会，对我以后 20 多年的科研活动是有益的。

事隔 20 多年了，中国大恒集团公司已茁壮成长。我还是难忘这段历史，特别是想念当时与我共同创业的同事，当我突然地离开职位，心中还是很内疚的，对不起由我相邀而前来参加组建公司的朋友和同事们。2009 年我离开大恒集团公司 20 年之际，我们有幸在北京重逢相聚，这些老同事和老朋友共同回忆这短暂的三年，我们经历的曲折和成功。人生道路上能有这么一段经历，是值得回味的。

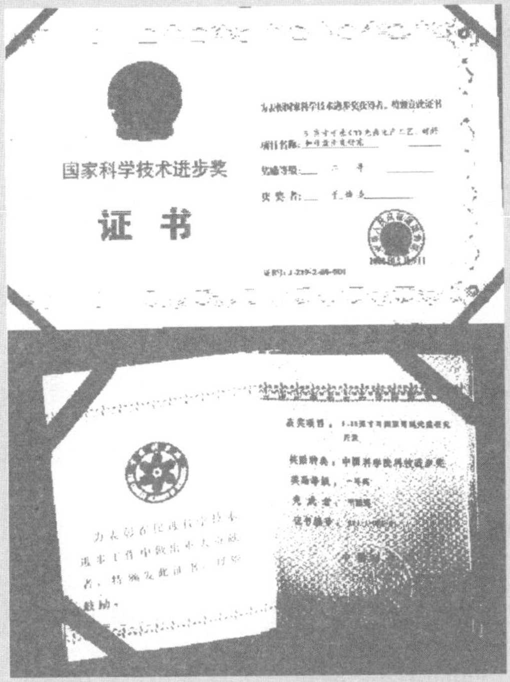

我们完成的这两项国家计委科技攻关项目，获得中国科学院一、二、三等多项奖及2000年国家科技进步二等奖。这些研究成果奠定了我国在国际光存储技术领域的地位，同时也为1998年申请到在上海建立由世界银行资助的国家光盘及应用工程研究中心，创造了条件。

第11章 开拓信息光电子学领域

我和“863”计划

1984 年，美国里根总统上台后不久，就抛出国家战略防御的倡议(Strategic Defence Initiative)，俗称“星球大战”，建议发展各种先进的动能和定向武器，当时应该主要是针对苏联的。根据当时的情况，我国应该迅速开展高技术的跟踪研究。1985 年，国防科学技术工业委员会便提出一份报告。1986 年，四位前辈科学家以迫不及待的心情，联名向国家提出发展高技术的建议。这个建议首先由陈芳允和王大珩先生商议，王大珩先生亲自负责起草，并联合王淦昌和杨嘉墀，经过四位老人充分讨论定稿后形成报告，于 1986 年 3 月，通过中科院技术科学部副主任张宏，及时报给邓小平。小平同志马上批转给了赵紫阳总理。报告很快获得批准，形成了“863”计划。

在“863”计划开始前，1984 年正是我辞去各项行政领导工作后，思考着往后的发展路子的时候。我想过，我们光机所除了继续开展强激光研究外，还能搞什么？在当时新兴的光电子技术领域中，光通信已异军突起，有关光纤通信的材料、元器件和系统也已有几家单位准备要搞，这在邮电系统中占主导地位。我则重点关心起光信息存储技术，可以说当时国内光信息数据存储技术的研究基本上还处于空白，我便着手准备开拓这一高科技领域。为此，我去北京中国科学院找到一位我熟悉的院领导，希望能在国家“七五”科技发展五年计划的信息存储项目中列入光盘——光信息数字存储技术。可是当时得到的回答：磁盘还未做好，就要做光盘？基本是否定的意见。但是我还是向有关各方领导进行了宣传，经过各方面的支持和配合，终于把“可擦重写光盘和驱动器”列入了国家“七五”重点攻关项目。因为上个世纪 80 年代中期正在发展的可擦重写光盘有两类：即磁光光盘（magneto-optic）和相变光盘（phase-change），它的存储介质都是非晶态材料，这和我多年从事无机玻璃材料研究密切相关，应该说我有一个较好的起点。往后也就是 1985—1987 年，我参加筹建中国大恒集团公司，有较多的时间在北京，有机会参加了“863”计划项目规划工作。

1986 年 5 月，中央组织民口和军口两个方面专家讨论高技术“863”规划。我参加民口的信息科学技术组，和同组的吉林大学高鼎山教授（工程院院士，1995）提出，作为高技术，中国应该要加快光电子技术发展的观点，但是与当时搞电子学技术的专家产生了分歧意见，他们认为电子学技术还未搞好，就一步跨越搞光电子学，提出了质疑。当时就我国通信事业而言，大部分人员还是以电线和微波通信网为主，所以很难改变这种落后的状况。20 世纪 70 年代后期以来，我出国多次，访问了不少国家，以我目睹的事实，向大家宣传了光电子技术的国际发展现状，说服了大多数人。最后在第一期规划中，把光电子技术设立了一个专题组，由清华大学周炳琨教授（中科院院士，1991）负责牵头。由于光存储介质材料是关键，所以我在新材料领域专家委员会中，又把光电子材料作为主要的功能材料，重点安排研究。在军口方面，因为“863”高技术计划有相当强的战略防御背景，所以，高功率和高能激光技术都作为重点项目安排。“863”高技术计划从一开始就能把光电子技术的发展列入其中，对这个领域的发展起到了积极的推动作用。

从我个人的经历而言，能够在“863”计划产生时尽了自己的努力，使光电子技术和材料的研究与开发落到实处，甚感欣慰。

开拓光信息存储领域

1985—1986 年，我正在思考着要介入光信息数据存储领域之前，已带了一位研究生王豪从事半导体材料表面的非晶化研究。当时在理论上已有计算表明，在短脉冲激光与相关的物质作用下，使该物质的状态从晶态向非晶态转变，其转变的速度要比用高速滚筒压碾冷却的速度快几千倍，这就是光致快速相变的基础。我们在实验上得出的结果，验证了在Ⅲ－Ⅴ族半导体晶体表面实现非晶化的温度速率。这是我介入光信息数据存储技术研究工作后，走出的重要一步。我将这一研究的论文，带到 1985 年初在美国洛杉矶举办的“第三届国际光数据存储会议”上。我的论文使与会者很感兴趣，同时也结识了不少美国、日本和西德的从事光存储研究的科学家。日本日立和松下电器公司中央研究所的同行，还特邀我访问日本。当年 6—7 月我率中国科学院光电子学代表团访问了日本，此行参观了不少有关光存储研究的实验室，这些实验室当时都设在日本大的电气和电子学公司中，一般很难得到安排参观的。由此沟通了关系，受益匪浅，这对我们自己开展光信息存储技术研究起到了学习借鉴的作用。

这时候也正是我到北京筹建中国大恒集团公司和参加国家高技术“863”计划规划工作的时候。当时中国科学院合作局竺玄局长支持这项新兴技术领域的研究，积极配合我向国家计委和国家科委有关领导汇报，并组织战略性方案研讨会，使有关部门和领导都比较清楚地认识到光信息数据存储技术的重要性，在我国开展研究工作的迫切性和可行性，在国际上刚刚出现可擦重写光盘存储技术时，我国就能迎头赶上世界先进技术的步伐。由于国家的支持，设立了“七五”国家计委科技攻关项目：“5.25 英寸可擦重写光盘”。这个项目分成两个子项目，即磁光盘和相变光盘，投入 2000 万元科研经费，这在当时属于重大的科研项目。一向从事基础研究工作的我，作为这个项目负责人之一，的确让有关领导不放心。比如当时国家计委科技司司长就讲：“干福熹在闹着玩。”这对我也是一个警示，往后我还要争取“八五”和“九五”的国家计委科技攻关方面的项目，所以，不能用以往做基础研究工作的方式来进行光盘的开发研究。“5.25 英寸可擦重写磁光盘”（1987—1992）这个项目，由我牵头组织了全国 10 家科研单位，包括有中国科学院的上海冶金所、上海光机所、长春光机所、北京物理所，还有上海激光所、电子部磁记录研究所、南京大学和兰州大学等。中国科学院为此成立了中科院光盘联合实验室，我任实验室主任，组织开展国家重点项目联合攻关，系统地研究可擦重写磁光盘。经过四年时间，我们联合实验室取得了实际成果：研制出光盘母盘光刻录机及刻录工艺；研究成功新型磁光材料和磁光光盘的制作及磁光盘的静态和动态测试设备等。当时国际上对可擦重写光盘的专用设备还是禁运的，我们坚持自力更生，自己研制成功。

20世纪进入90年代，人们已熟知激光唱片（CD-DA）和激光视盘（VCD），只读式光盘已普及并融入人们的生活中，然而在可记录（Recordable）和可擦重写方面，磁盘和光盘竞争激烈。国家高技术“863”计划第一期中已专门设立了光存储材料专题，这与国家计委的科技攻关项目有所区别，重点安排了相变光存储材料和有机光存储材料的研究。到了20世纪90年代初，国外有机可录光盘（CD-R）一出现，我国也已取得较好的研究结果。因此，在国家“八五”科技发展计划中，设立了“5英寸可录CD光盘生产工艺开发（1996—1998）”的国家计委科技攻关项目。与磁光盘的研究有所不同，我们一开始就注意组织生产部门参加技术攻关。由于这段时间我还担任中国大恒集团公司总裁，较多地接触到国内外高技术企业，我觉得要以开发高技术产品为目标，来开展国家重大科技的攻关项目。工作的安排，除了实验室的研究工作外，要特别重视开发研究，要联合国内高技术企业合作。我首选了深圳市先科高技术公司参加，为此攻关项目还单独成立了深圳数字光盘公司。采取产、学、研相结合的科技攻关。由中科院上海光机所牵头，联合中科院感光化学所和华东理工大学、杭州大自然磁记录公司等一起攻关，经过三年的努力合作，从引进生产设备、合成光盘有机介质材料、研制成功制盘工艺到光盘成品及其一整套检测设备等的联合攻关，完成了用自制的有机光盘介质材料在生产线上制出完全合格的成品。

我们完成的这两项国家计委科技攻关项目，获得中国科学院一、二、三等多项奖及2000年国家科技进步二等奖。这些研究成果奠定了我国在国际光存储技术领域的地位，同时也为1998年申请到在上海建立由世界银行资助的国家光盘及应用工程研究中心创造了条件。2001年正式通过了世界银行和国家计委的评审，该研究中心挂牌成立了。

1992 年获中国科学院科学技术进步一等奖

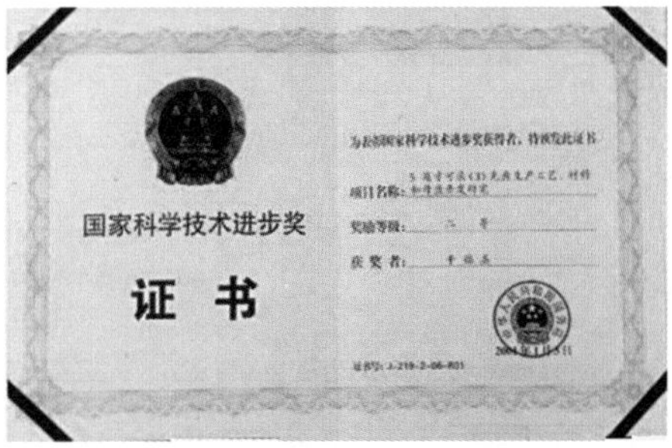

2001 年获国家科学技术进步二等奖

到 20 世纪末，这 10 多年中，我是全身心投入到开拓光存储这个新的技术领域，除上述“七五”和“八五”两个国家计委重点攻关项目外，我还争取到中国科学院重大项目“高性能光盘存储技术”（1990—1995）和“新型高密度光盘存储材料和技术的基础研究”（1997—2000）。这些应用基础性的研究还得到国家自然科学基金会重点项目“蓝绿光高密度数字信息存储的物理基础和关键技术”的支持。应该说我的研究思路，形成了从基础研究、应用基础研究和开发研究的系列，增强了我国光信息存储研究的实力。1998 年我们编写出版了《数字光盘存储技术》一书。

《数字光盘存储技术》（1998 年）

此外，我还为我国光存储技术研究走向世界做出了不懈的努力。1988 年当我国光信息存储技术研究刚取得初步成果时，我大胆地提出在中国大陆召开国际光存储会议（International Symposium on Optical Storage，ISOS），以加快对外学术交流。第一次会议在上海市举行，参加会议的人数不多，不到 100 人，而国外来的仅 10 多人，主要是来自日本的研究人员。但只要有一个开头，就能扩大

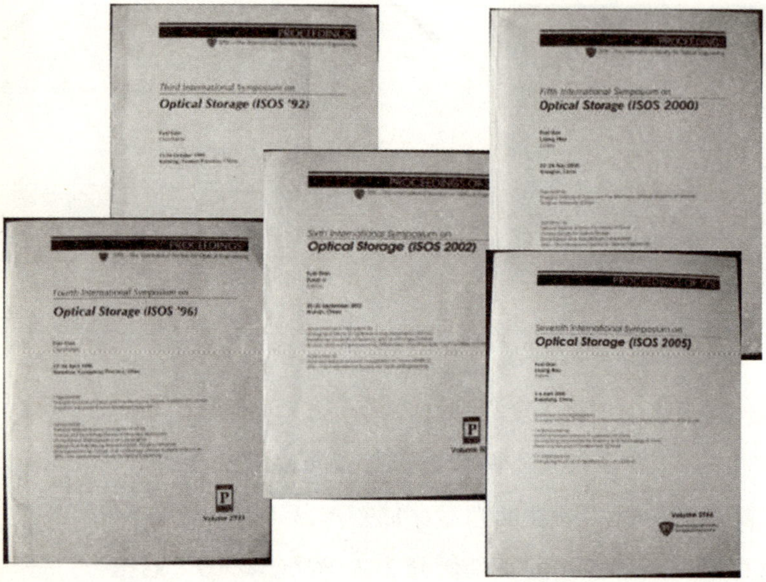

历届国际光存储会议的论文集

影响，也能继续发展下去，事实也是如此。以后每隔 2 ~ 4 年就召开一次会议，如 1990、1992、1996、2000、2002、2005、2008 年的会议，参加的人数和国家也逐次增加，应该说这 8 次国际会议，开展了中外交流并促进了相互了解，对推动我国光存储技术研究水平的提高是很有益的。而且从第三届（1992 年）开始，会后由我主编，在美国国际光学工程协会（SPIE）的会议专辑上连续出版论文集，产生了很好的国际影响。和后来在日本召开的国际光存储会议（International Symposium on Optical Memory，ISOM），在美国召开的国际光数据存储会议（International Symposium on Optical Data Storage，ODS），成为三个重要的国际会议。我们成立国际顾问委员会，邀请国外专家来华参加，同样，我也带着特邀报告多次参加了在日本和美国的国际会议，相互沟通，彼此交流形成了机制，促进了光存储技术研究的世界发展。

始终关心光电子产业的发展

随着20世纪的结束，我也进入古稀之年。对我国光信息存储技术领域而言，我总算得上是开拓者之一，为它的建立和发展花了15个年头。跨入21世纪之际，我向有关部门的领导提出请求，今后我不再担任"首席科学家"、"项目负责人"等有关业务头衔的工作，但我还会继续关心和支持我国光信息存储事业的发展。

2003年，国家信息产业部搞发展规划，要我牵头信息存储发展规划小组，我参加了，从中了解到不少我国的信息存储技术和产业的状况，也为我国在这一关键的技术领域中缺乏自主创新而担忧。2005年我提出，不走以减小激光的波长和增加物镜的数值孔径为前提，打破光远场衍射极限，走光学超分辨的途径。对此，湖北省武汉光谷愿意来组织，实现我的理想，提出了NVD（New Versatile Disk）的新光盘格式和方案。实现起来很不容易，现在虽然有进展但尚无突破，任重而道远。

最近，中国信息学会召开高层研讨会，要发展绿色、安全和高容量的信息数据存储技术，又提出要发展光数字数据存储（Optical digital data storage），因为光存储是非挥发性（nonvolatile）的，能节省电耗；也是直写性的，不能修改存入的数据，非常安全；用飞秒（10^{-12}秒）激光光学超分辨技术记录，是高速度和高密度的数据信息存储，这正是我2005年提出的技术发展思想。现在，我将进入耄耋之年，我仍始终关心，也盼望能看到我国信息存储技术更加蓬勃地发展。

我这一生，见证了祖国在玻璃科学技术领域的起步和发展。在这60年中，经历了光学玻璃、激光玻璃、光子学玻璃的飞跃，不断破解玻璃今生的秘密，为国家的需要做出了努力，实现了自己的愿望。对这辈子的选择，我无怨无悔。

第12章 与玻璃打了一辈子交道

建立无机玻璃物理性质计算体系

我参加工作后，在中国科学院仪器馆那段时间，基本上从事光学玻璃的工艺技术的研究。1956 年到苏联学习，由于环境的变化，我的研究方向就转到了玻璃的物理化学，也就是研究玻璃的物理性质与其成分、结构的关系。

玻璃研究与制造行业的技术人员，非常渴望能根据玻璃的成分，判断经过熔炼后玻璃的性质，或者根据特定的物理性质也能很快地设计出玻璃的成分。这对光学玻璃尤为重要，因为每一个品种的光学玻璃，它的光学常数必须与相应品种的标准值相符合，这就取决于这一品种光学玻璃的配方。玻璃界进行了长期的努力，后来从经验中总结出一套炉前校正的方法。为了确保每一品种光学玻璃的成功取得，即在玻璃进行熔化时，按程序取它的样品，经冷却后快速测定光学常数，如果发现光学常数有大的偏差，就要在熔化的玻璃液中再加入相应的生料进行纠正，这种做法仅仅是一种经验，存在着诸多问题。

1952—1956年期间，我从国内文献资料查阅中所了解的玻璃光学性质的计算方法，在当时比较好的是美国标准局华裔玻璃科学家孙观汉的计算方法。1956年我到了苏联后，才知道在苏联国家光学研究所，就有乔姆金娜（Jumgina）和阿本两位专家分别推出的硅酸盐玻璃的物理性质计算方法。阿本教授正好是我的博士生导师，当时，他的主要研究方向已转到金属表面镀层的军工任务上，所以要我研究硅酸盐玻璃中“硼反常”和“硼－铝反常”现象，这是在硅酸盐玻璃中掺入氧化硼以后，产生的物理性质突变。阿本教授希望我来探索它的规律性，进而修正计算方法。由此，改变了我的研究方向，在玻璃的基础研究工作上投入了毕生的精力。

为了完成玻璃物理性质计算和成分设计的研究项目，在苏联学习的三年中，我熔制了200多种不同成分的硅酸盐玻璃，测定了近10种玻璃的物理性质，积累了许多实验数据。回国后，又查阅了不少新的资料，并对当时国际上几种较完整的硅酸盐玻璃性质计算方法进行了核算和评价，发现了一些存在的问题。最后，我用结构化学的观点来研究玻璃成分与物理性质的关系，详细分析了各种氧化物在硅酸盐玻璃中的结构状态以及对玻璃性质的影响，从而推导出硅酸盐玻璃性质新的计算方法。这种方法可计算包括36种氧化物的硅酸盐玻璃的8种物理性质，这方面的研究成果，我分别用中文、英文和俄文在相应的国内、外期刊上发表文章，最后写成了专著《硅酸盐玻璃物理性质变化规律及其计算方法》一书，于1966年由科学出版社出版。

以后，我始终没有停止过这项研究工作，就是在“十年动乱”期间，我被“监督劳动”时，也没有放弃过。在老伴邓佩珍的帮助下，她从所图

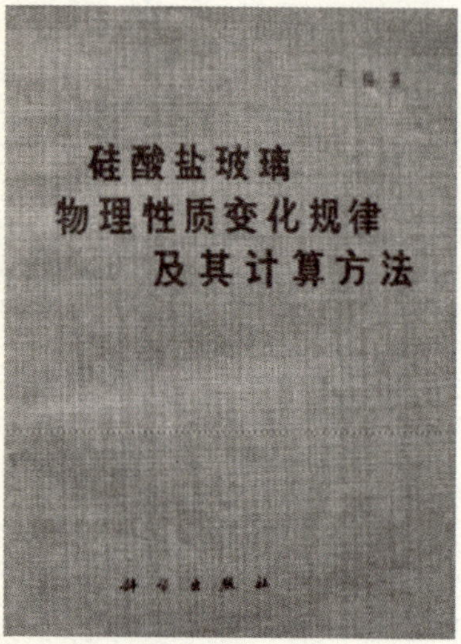

《硅酸盐玻璃物理性质变化规律及其计算方法》(1966 年)

书馆借来期刊，我用晚上的时间阅读和工作，分析了硼酸盐和磷酸盐等非硅酸盐玻璃的性质变化规律，分别又推导出各类氧化物玻璃性质的计算方法。20 世纪 70 年代后期，我恢复了工作，借此有利的条件，就把以前发表过的计算方法综合成统一的“无机氧化物玻璃物理性质计算体系”，这个体系涵盖了 45 种氧化物的各种无机玻璃的 11 种物理性质的计算。由于形成玻璃态物质的范围日益扩大，在无机玻璃中，除氧化物玻璃外，非氧化物玻璃也在大力发展，如硫系化合物玻璃和卤化物玻璃等。我也很快地把建立的玻璃性质计算体系逐渐扩展到应用于非氧化物玻璃性质计算中，其中可以包含 10 种氟化物的全氟化物玻璃和氟磷酸盐玻璃的 9 种性质计算，以及包含 10 种硫系元素的硫系玻璃的 4 种性质计算。这样一来，最后完成了一个完全涵盖 50 种氧化物、17 种氟化物、12 种原子的无机玻璃的 15 种物理性质的计算体系。这样完整的计算体系在当时国际上还是空白，今天仍然处于领先水平。

20 世纪 70 年代初电子计算机的运算速度不断加快，并且在各种数字和模拟计算领域中得到很好的运用，我预感到电子计算机技术在玻璃性质研究工作上的应用前景，将会产生新的变革，多组分玻璃成分的自动设计一定会成为可能。因此，我抓住机会尝试应用这种技术在玻璃科学技术领域中，解决玻璃性质的自动计算和玻璃成分的自动设计，使我们的研究工作进入了一个崭新的境地。为此，我们编制了玻璃性质计算和成分设计的程序，并建立了数据库，实现了多组分玻璃成分的自动设计。为后来研究和生产中改进工艺和试制新产品玻璃，提供了有效的科学方法。1981 年我写成《无机玻璃物理性质计算和成分设计》一书，由上海科学技术出版社出版。

我的该项科研成果在 1985 年获得中国科学院科技进步一等奖，并在 1988 年获得国家自然科学三等奖。由于这项研究工作已经有英文、俄文的文章在国际会议上报告和国际期刊上发表，所以受到国际同行的注意。2002 年在德国召开的第 7 届肖特（Otto-Schott）国际论坛上，俄罗斯著名玻璃专家麦苏林（Mazurin）教授，在他的特邀报告中特别强调，在玻璃物理性质计算体系的国际发展中，我的计算体系所包含能实现计算的玻璃系统和物理性质的范围仍然是“最宽广的”。相隔 20 年之久，还能被国际同行所肯定，我深感荣幸。在国内我也听到玻璃界有关人士讲“至今我们还在用你的计算方法研究玻璃”，说明这套完整的计算方法，虽已过去 30 年，仍然适用在玻璃领域中，对此我倍感欣慰。2009 年在武汉举行的中国特种玻璃研讨会上，一家计算机软件公司的代表，在报告中推广玻璃性质计算方法时讲，他们至今应用的计算方法资料还是来自我的专著《无机玻璃物理性质计算和成分设计》。

《无机玻璃物理性质计算和成分设计》（1981 年）

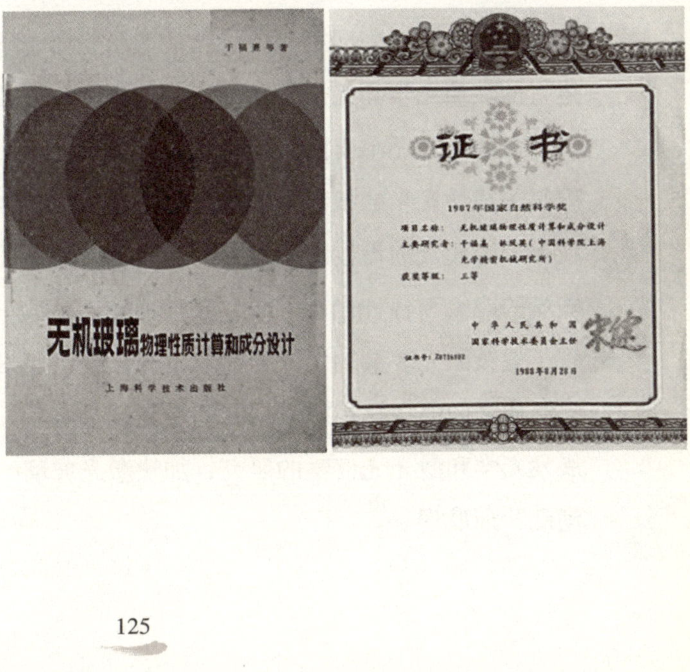

玻璃的光学和光谱学性质研究

1960 年我从苏联回国后，很快投入到当时新问世的激光新技术领域的探索和研究工作中。对我来讲，每次遇到新问题或介入新的研究领域，我很自然地面向基础理论找答案。前面谈到（见第 5 章）我在探索激光玻璃时，首先开展了相关的基础理论分析，于是我重新学习了固体物理学和固体光谱学，结合自己所熟悉的有关玻璃结构和性质的知识开展研究。1961 年，我很有信心地提出了，用掺稀土元素离子的玻璃作激光工作物质是最有可能产生激光的观点，同时着手进行掺各种稀土离子玻璃的光谱研究。从 14 种稀土离子在硅酸盐玻璃中的光学性质、吸收光谱和发射光谱性质的实验得到了结果。在当时国际上尚未见到玻璃中产生激光的报道。1961 年底，美国研制成功掺钕稀土元素的玻璃激光器，与国外相隔不到一年时间，中国第一台掺钕玻璃激光器也研制成功。这与我们前期所进行的玻璃光学和光谱学基础研究工作有直接关系，并且在掺钕磷酸盐玻璃的研究中，还早于国外产生激光，以及在 KDP 晶体中实现激光的倍频，取得非线性光学的技术初步成果。20 世纪 70 年代，我们系统地研究了以钕离子为代表的掺钕玻璃组成、结构与光谱性质的关系，定量地确定了钕玻璃的能级和各种光谱参数，获得了光谱参数与激光参数的直接关系，发现了掺钕激光玻璃的发光寿命、发光强度以及量子效率等与玻璃组成和玻璃结构之间的变化规律。当我们搬迁到上海后，我准备在这新的起点上扩展发光学和激光光谱学的研究，加快激光玻璃的发展，可惜的是被“十年动乱”所耽误。

20 世纪 80 年代初，掺钕激光玻璃为世人所公认是最有应用前景的激光材料。我们开始研究钕离子（Nd^{3+}）在不同系统的无机玻璃中的无辐射跃迁几率，并且用瞬态光谱学技术研究无辐射跃迁的时间过程。因为，激光玻璃的光—光转换效率是一个重要的参量，它与无辐射跃迁几率密切相关，这对激光玻璃的广泛应用有着重要意义，尤其是掺钕激光玻璃在高能和高功率固体激光器的发展应用，所以搞清这个基本问题是发展激光玻璃的需要。无机玻璃中的无辐射跃迁是玻璃基质与激活离子（如 Nd^{3+}）相互作用中声子与光子的弛豫过程，我们企图用化学键理论去解释。还有另一种无辐射跃迁则是激活离子间的相互作用，它是玻璃的浓度猝灭和敏化发光的来源，我们进而开展了低温下激活离子的格位光谱（Site spectroscopy）的研究。

为了进一步研究无机玻璃的结构和声子谱，20 世纪 90 年代上半期，我们开展了无机玻璃的振动光谱，主要是激光拉曼（Raman）光谱的研究。在已知的不少激光晶体都是用过渡金属（3d 电子壳层）的离子激活，20 世纪 90 年代便出现了过渡金属离子激活的可调谐激光晶体，因此，我们开始探索掺过渡元素离子（如 Cr^{3+}，Co^{2+}，Ni^{2+}，Cu^{+}等）玻璃的光学光谱和电子自旋共振谱的研究，了解过渡元素离子在玻璃中的价态、配位状态以及与玻璃基质相互作用中能量转移状态，我们初步掌握了判断当时应用的光泵方式，掺过渡金属离子激光工作物质难以产生激光的原因以及寻找可能产生激光的条件。

有关玻璃的光学和光谱学方面的研究成果，除了用中文、英文的文章发表在国内外期刊上之外，最主要的是我主编的《现代玻璃科学技术》一书。该书是我邀请了国内近 20 名玻璃研究领域的专家，精心撰写各专题而成的专著。全书共分上、下两册，上册着重介绍了玻璃的结构和性质，其中一半以上的章节内容是玻璃的光学和光谱性质以及顺磁共振和核磁共振谱，于 1988 年 10 月由上海科学技术出版社出版；下册于 1990 年出版。《现代玻璃科学技术》一书获得 1992 年第六届全国优秀科技图书一等奖。之后，上海科学技术出版社希望我能将上册写成英文，联合 Springer-Velag 出版社在海外出版。我答应他们的要求，并写了英文的目录、序言和导论送给 Springer – Velag 出版社，经过他们组织专家评审，最后决定，只出版我撰写的有关玻璃的光学和光谱性质的部分。

20 世纪 90 年代初，我按照出版社的要求，专心于汇集和补充新的材料，编写英文版的《玻璃的光学和光谱性质》（*Optical and Spectroscopic Properties of Glass*）。新补充的章节为 20 世纪 80 年代下半期我所开展的光信息存储技术的研究内容，有些存储介质为非晶态薄膜（如非晶态稀土 – 过渡元素合金磁光存储介质和非晶态硫系化合物相变存储介质），我主要侧重于研究它的光学和磁光性质。还有，20 世纪 80 年代兴起的纳米科学技术，玻璃中半导体化合物的纳米颗粒，由于量子尺寸效应产生量子调控光的本征吸收波长，而产生不同的颜色，这可以认为是对以往滤光玻璃的新解释。这是我第一次用英文撰写著作，因为先前有关科研成果已经写了

《现代玻璃科学技术》上册（1988 年）、下册（1990 年），获 1992 年全国优秀科技图书一等奖

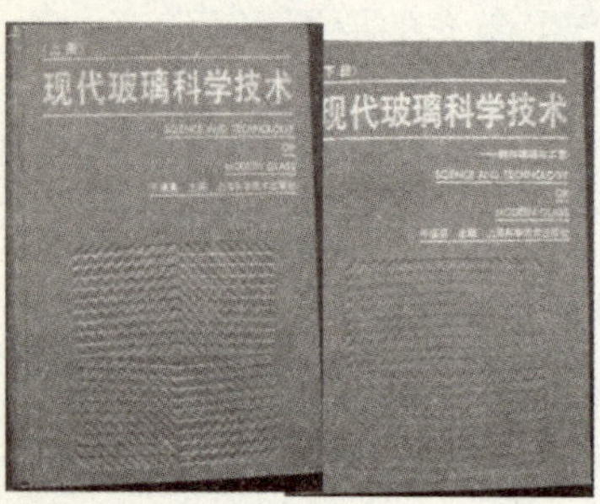

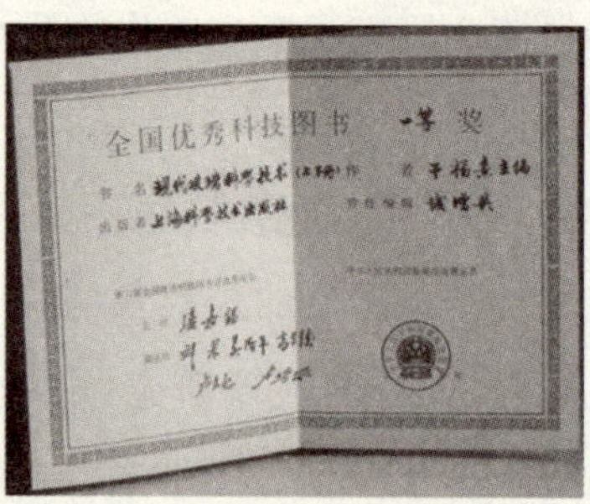

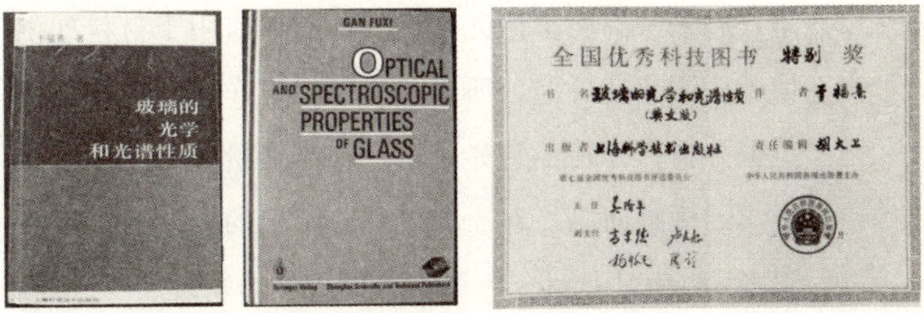

《玻璃的光学和光谱性质》（中文版 1993 年，英文版 1992 年）。英文版获 1995 年全国优秀科技图书特别奖

不少英文的文章在国外期刊上发表，所以写成书也觉得比较顺手，很快地完成了书稿。该书于 1992 年由 Springer-Velag 出版社与上海科学技术出版社联合出版，Springer-Velag 出版社负责发行。该书的中文版由上海科学技术出版社于 1993 年出版发行。*Optical and Spectrospic Properties of Glass* 的英文版获得 1995 年第七届全国优秀科技图书特别奖、上海市科技进步一等奖。这本著作由国外出版社出版发行，在国际上反响很大，被视为国外玻璃专业研究生的主要参考书。我在国外参加专业国际会议时，常常周围不相识者看到我的胸牌，就会过来打招呼，问我是否为这本书的作者，还热情地和我讨论起一些学术问题，倍感亲切，十分欣慰。

从光学玻璃到光子学玻璃

激光出现后，改变了传统的光学，使近代光学有了很多的新发展，出现了光子学（Photonics）这一名称。1970 年第九届国际高速摄影会议上，把光子学定义为“光子作信息的载体的系统科学”。这样的概念是不难理解的，因为当时光纤通信已开始兴起，传输信息的载体已从电子转向光子。后来，高功率激光的发展，不仅应用于材料加工，甚至可以用来产生惯性压缩聚变反应，所以，光子又可作为能量的载体。这样一来，光子学可以分为：一是信息光子学；二是能量光子学。这仅仅是从应用角度对光子学的理解而已。对于如何引入正确的物理概念，我一直在思考，传统光学（Classical Optics）和现代光子学的物理含义上的区别何在？我想传统的光学主要是研究光频电磁波的传播和成像，传统上称之为“几何光学”（Geometric Optics）。电磁波与物质相互作用的科学，这种光与物质的相互作用是在弱光场中进行的，光是自发辐射产生的，属于线性的光学效应，而称之为“分子光学”（Molecular Optics）。由于激光的出现，就有了强光场，可以得到二次、三次及更高次的非线性光学效应，并且光是受激辐射产生的。所以，我把光子学归纳为是研究光子的产生和探测、光子的频率变换和偏振态变化的系统科学。特别在信息领域中，由于光子的传播速度（$\sim 10^{12}$cm/s）要比电子的传播速度（$\sim 10^{9}$cm/s）快得多，所以光子学器件要比电子学器件响应快，单个通道的信息传输的容量也大。

我们研究了玻璃态以宏观的三维体材料、二维的薄膜和一维的纤维三种形态进入光子学：首先作为光子传输介质，有熔石英玻璃纤维和光波导功能薄膜；二次和三次光学非线性的玻璃作开关、隔离等光子学器件；玻璃纤维作光子晶体；非晶态光存储薄膜等。当然，激光玻璃和纤维材料是光子学玻璃中最主要的元素。总结我的研究兴趣和追寻的目标，的确是从光学玻璃、激光玻璃，现在又延伸至光子学玻璃，通过这个基础理论的轨迹，不断派生出许多应用项目（在本书第 10 章和第 11 章中都作了具体的介绍），服务于国家的经济建设的需要，同时推动了学科的技术交流与合作。2002 年，当我进入古稀之年时，在上海召开了第一次国际光子学玻璃会议，来自英、美、法、德、日本、中国等国家的代表 100 余位，共同交流了国际上光子学玻璃的研究成果，并展望了发展的前景。会后由我和朱从善研究员负责编辑，于2003年以国际光学工程学会的论文集系列专辑，出版了《国际光子学玻璃会议论文集》。为推动国际范围光子学玻璃的科学发展，我和我的同事尽了一份责任。

Photonic Glasses（2006年）

正当我想总结一下近20年来从事有关光子学方面工作的时候，上海科学技术出版社又一次前来约稿，希望我能写一本近期科研工作的专著，我便答应了下来，可是当时我手头上正在组织编写《中国古代玻璃技术发展》一书，腾不出时间，就拖延了下来。2005年世界科学出版社也来约写英文专著，我觉得有关光子学玻璃方面已发表了较多的英文文章，英文稿容易成书，所以也答应了他们的约稿。当我真正动笔写作时，感到年岁不饶人，一人难以承担全部工作，所以部分章节只好分请年轻的专家们负责，同时，还请了复旦大学徐雷教授协助进行全书编审。2006年我在医院里住了七个多月，这段时间倒很安静，我集中思路，完成了英文版的《光子学玻璃》（*Photonic Glasses*）的书稿，这本书在当年底就正式出版。该书在国际上发行后，据说销售情况甚佳，我也深感欣慰。

2009年，上海科学技术出版社知道我的英文版《光子学玻璃》已出版，又来索要原先的约稿。我想从我完成英文版的书稿时间已过去了5年，这种高技术前沿的科学发展是很快的，新的书稿内容，一方面需要补充材料，另一方面不必再去简单翻译前书，可以扩展题材成为《光子学玻璃及应用》，这样也避免了可能出现的版权纠纷。我自知已无力去处理自

《光子学玻璃及应用》(2012 年)

己写的部分稿件，所以，我就约请当年跟我一起开展相关专题研究工作的学生（他们现在也都是研究员、教授），分章由他们负责撰写，我只能承担总策划和校阅了。经过 2010 年的一年努力，我审阅了清样，至 2011 年已付梓问世了。

今天，我可以坐下来梳理一下这一辈子走过的历程，正如《新民晚报》记者为我总结的一篇报道题名《我和玻璃打了一辈子交道》，我非常感谢，又非常自信，我这一生，见证了祖国在玻璃科学技术领域的起步和发展。在这 60 年中，经历了光学玻璃、激光玻璃、光子学玻璃的飞跃，不断破解玻璃今生的秘密，为国家的需要做出了努力，实现了自己的愿望。对这辈子的选择，我无怨无悔。

在参加国际学术会议、考察新兴科学和技术以及参加国际学术组织活动中，我有幸参观访问了近50个国家和地区，出访250余次，走遍五大洲，而且有一半以上的对外活动是我与老伴郑佩珍一起同行的。

在这些国家和地区中，有历史悠久的文明古国，如埃及、以色列、巴勒斯坦、伊朗、印度、希腊、意大利、墨西哥和土耳其等；有近代工业革命和资本主义最早兴起的国家，如英国、法国、德国、瑞士等。20世纪90年代初，我被选为第三世界科学院院士，有机会访问非洲和南美如尼日利亚、巴西等第三世界国家。

第13章

论学访宝走天涯

在参加国际学术会议、考察新兴科学和技术以及参加国际学术组织活动中，我有幸参观访问了近 50 个国家和地区，出访 250 余次，走遍五大洲，而且有一半以上的对外活动是与老伴邓佩珍同行的。在这些国家和地区中，有历史悠久的文明古国，如埃及、以色列、巴勒斯坦、伊朗、印度、希腊、意大利、墨西哥和土耳其等；有近代工业革命和资本主义最早兴起的国家，如英国、法国、德国、瑞士等。20 世纪 90 年代初，我被选为第三世界科学院院士，有机会访问非洲和南美如尼日利亚、巴西等第三世界国家。

20 世纪从 60 年代到 90 年代，我们的出国活动大都围绕着高新科技为主题，即物理学领域中的光学、光电子学和光子学，以及材料科学和技术领域中的非晶态（玻璃）材料和单晶态材料（光学和激光晶体）的科学技术。从我青年时代起，我就感兴趣于中国古代硅酸盐质文物。21 世纪以来，抽出一点时间专门研究古代玻璃和古代玉器。这也成为我在所有的旅程中的特别关注点。现在从我的回想记忆中，记录下点滴的印象和经过。

欧洲国家

俄罗斯

我曾有三年多时间（1956—1959）在苏联学习，主要在列宁格勒，几次到过莫斯科。自 1960 年初我回国后，还多次去过苏联，如 1964 年去参加全苏玻璃态学术会议，1986 年去参加中苏双边激光讨论会，1988 年访问苏联科学院普通物理所，1989 年参加国际玻璃大会，以及 1992 年苏联解体后，去考察高能和高功率激光。

至今我十分怀念圣彼得堡夏天的“白夜”和涅瓦河畔以及普希金广场、冬宫和夏宫，还有莫斯科的红场。

1964 年在莫斯科大学参加全苏玻璃结构会议

爱沙尼亚和拉脱维亚

1957 年我在苏联学习时，到过苏联的加盟共和国爱沙尼亚和拉脱维亚，现在已分别成为独立国家。它们的首都分别为塔林和里加，这是波罗的海边的两座中世纪风味的小城。

白俄罗斯、亚美尼亚、乌克兰

这三国原来都是苏联的加盟共和国，现在皆已独立。我第一次访问白俄罗斯是 1959 年，刚完成我的博士论文答辩，苏联科学院给我一次在苏联考察访问的机

1992 年赴俄罗斯考察高能和高功率激光技术，在莫斯科大学前（左起：范滇元、林尊琪、使馆参赞、干福熹、张俊洲）

会。我访问了白俄罗斯首都的明斯克大学，拜会了苏联玻璃界知名教授拜斯勃罗多夫，是他引起我对中国古代玻璃研究的兴趣。第二次访问在 1988 年，时光已过了 20 年，这次我和邓佩珍同来参加在白俄罗斯首都明斯克召开的国际相干光学和非线性光学会议。明斯克的市容有了很大变化。

1986 年我率中科院激光材料代表团访问苏联之际，安排访问了亚美尼亚共和国科学院的物理所，来到首府埃里温。

1992 年中科院强激光考察组来到刚解体后的苏联，安排我们到乌克兰哈尔科夫参观人工晶体研究所，只停留了几天。

匈牙利、罗马尼亚、保加利亚

除苏联外，属“社会主义阵营”的东欧国家，我最早访问的是匈牙利和罗马尼亚。1980 年 11 月中国科学院的三人小组（除我以外，还有王润文和林太基）应邀参加在匈牙利首都布达佩斯举行的“80’光学讨论会”，会后参观了匈牙利科学院物理所。还游览了布达佩斯市和巴拉顿湖。

1980 年 12 月，我们在匈牙利访问后，顺访了罗马尼亚。当时，罗马尼亚是与西方接触较多的东欧国家。我认识了罗马尼亚原子能研究所的激光部主任德拉勒内斯库（Dragnescu）教授。1981 年邓佩珍赴罗马尼亚合

1982 年，率激光代表团访问罗马尼亚（左 1 程树枫、左 3 德拉勒内斯库、左 5 德拉勒内斯库夫人、左 6 叶碧青、左 8 干福熹、左 10 沙国河）

作研究三个月，以后大家比较熟悉。1982 年我率中国科学院激光代表团 10 人参加国际激光与应用会议，苏联科学院普洛赫罗夫院士（1962 年诺贝尔奖获得者）也带领代表团参加。在布加勒斯特我们和东、西方激光领域的科学家有了广泛接触。1988 年我最后一次带领中国科学

1988 年 10 月，和邓佩珍与罗马尼亚国务委员、国家科委主任乌尔苏（中）合影

院光学代表团参加国际量子光学发展讨论会，受到了罗马尼亚国务委员、科委主任乌尔苏教授（他是固体光谱学家）接见，签订了合作协议。

1988 年 9—10 月，我和邓佩珍应保加利亚科技委员会邀请访问索菲亚大学的无机材料系。这次访问时间较紧，所到的地方皆只作短暂停留。

前捷克斯洛伐克（捷克和斯洛伐克）

1980 年 11 月和林太基、王润文在布达佩斯公园解放纪念塔前

二次大战后，1946 年捷克斯洛伐克共产党成立联合政府，1960 年改名为捷克斯洛伐克社会主义共和国。由 65% 的捷克人和 29% 的斯洛伐克人组成。1992 年分为两个独立的共和国，捷克的首都在布拉格，斯洛伐克的首都在布拉迪斯拉发。

1987 年 9 月我和朱从善研究员根据中、捷两国科学院协议访问位于首都布拉格的捷克斯洛伐克科学院所属物理所和大分子及无机化学所等，交流了在无机非金属材料方面的研究进展，也参观了布拉格市容。布拉格跨伏尔塔瓦河两岸，风景优美。我们也访问了捷克第二大城市布尔诺（Brno），它是斯拉夫民族部落最早（11 世纪）建城的地方，有很多古老建筑。参观了布尔诺大学和捷克科学院的无线电电子学研究所等。

南斯拉夫

1987年10月，我和朱从善接着访问南斯拉夫，在首都贝尔格莱德（现为塞尔维亚共和国首都）参加了国际玻璃协会的年会，会见了不少从事玻璃科学研究的人员。参观了贝尔格莱德大学，瞻仰了南斯拉夫前总统铁托的墓地。南斯拉夫科学院又安排访问了萨格勒布（现为克罗地亚共和国的首府），参观了萨格勒布大学。

瑞典

我很想到北欧国家去访问考察，但是等到20世纪末才有机会。1999年夏，我和邓佩珍随光存储考察组来到瑞典，先在斯德哥尔摩（Stockholm）附近的光盘制造设备公司（M-2）访问，后来又到南部的马尔默（Malmo）参观光盘检测设备公司（Audio Development AB）。马尔默隔海对面就是丹麦首都哥本哈根，现在已建立起跨海大桥，当时还是靠渡轮摆渡过去的。

丹麦

2005年7月，我和邓佩珍正式访问了丹麦，我们受奥尔堡（Alborg）大学生命科学院化学系邀请访问，作了有关有机-无机复合材料方面的报告和讨论。参观了哥本哈根国家公园，其中有著名的美人鱼（Little Mermaid）雕像。考察了琥珀（Amber）的沿海产地。琥珀是丹麦的国（宝）石，我在哥本哈根也买了一块原矿石作为收藏。

瑞士

20世纪90年代我国发展光盘制造产业，我们又承担了国家科技攻关项目“可录有机光盘的研制”，两次（1995、1999）受邀访问位于瑞士Yverdon-les-Bains的4M（Multi Media Master Machinery）公司和位于Naqels的Netstal-Maschinen AG公司，以及位于Liechtenstein的Balzers Process System（BPS）公司，这三家公司是国际上主要制造光盘的母盘以及复制设备系统的公司，都是从事精密机械制造。他们还特意安排了我和邓佩珍游览日内瓦湖，参观了多处设立于此的国际组织。以后由此北上经过伯尔尼（Bern）、卢塞恩（Luzern）到苏黎世（Zurich），在那里我们访问了著名的苏黎世工业大学（ETH）的固体物理实验室并作了报告。瑞士的山区风景、制造业的优雅环境以及以手表业为代表的传统工艺及机械制造工业给我留下了深刻的印象。

奥地利

1999 年 5 月，我们从苏黎世飞至奥地利首都维也纳——古典音乐之都。我们参观了古典的音乐厅、大剧场和皇宫。三天的停留，邓佩珍觉得时间太短，我讲以后一定再次来维也纳，作专门的休假旅游。可惜这句诺言，再也未能实现。乘电车横穿奥地利，进入阿尔卑斯山谷，到达森林中的 Elbigenalp 的 Koch 数字光盘公司，该公司是从事光盘及光盘机的系统测试。

2005 年，在奥尔堡海边琥珀商店前

希腊

1993 年 10 月我参加国际玻璃协会（ICG）的执委会和年会，到达希腊首都雅典（Athens），会后我抓紧游览了雅典古城、奥林匹克遗址以及希腊国立博物馆。使我特别惊讶的是希腊的大理石质的石刻和石质建筑居然保存如此久的岁月，公元前800多年的彩陶器有如此硕大的体积。从对古代文物的研究角度，希腊是值得再次访问的。

意大利

意大利为古罗马的发源地，自公元前200年到公元200年，经历了古罗马帝国的初建和全盛时期。14至16世纪又是欧洲文艺复兴的起点，对欧洲文明和文化发展产生重大影响，留存世界知名的文化历史遗址颇多。我四次访问过意大利（1985、1992、1994、2011）。意大利的的里雅斯特（Trieste）是第三世界科学院和国际理论物理中心的组织设置地，威尼斯又是国际玻璃协会的办事地。我和这些组织有较多的关系，曾与邓佩珍访问过米兰、帕多瓦、威尼斯、佛罗伦萨、罗马等城市。参加过每隔三年召开的国际陶瓷大会（佛罗伦萨），访问意大利国家玻璃研究所（威尼斯）、帕多瓦大学和Degli studi罗马大学等。特别是最近一次（2011年）我和颜宝新专门访问了威尼斯一周，参观了威尼斯玻璃博物馆、Altino考古博物馆，从而比较详细地了解到意大利古代玻璃器和制造技术的发展历史。

2011年和颜宝新访问威尼斯Altino考古博物馆

英国

英国15世纪开始发展资本主义，也是18世纪产业革命的起源地。近代科学，如天文学和物理，起源于英国。伟大的革命导师马克思和恩格斯

1964 年在伦敦东南格林尼治天文台原址的经纬度起点

在此领导国际工人运动。1964 年我第一次来到英国，就前往海格特墓地马克思墓前瞻仰。临近首都伦敦东南的格林尼治天文台原址为计算地理经纬度的起点。踏上伦敦大桥见证了现代机械工程的雄姿。到了伦敦，总会去白金汉宫。来到英国总要到剑桥大学和牛津大学访问。我还到过苏格兰首府爱丁堡，2001 年在此召开的国际玻璃大会上我接受国际玻璃协会授予的终身成就奖。我多次访问威尔士首府附近 Monmouth 的 NIMBUS 光盘母盘制作中心。英国始终是我留恋的地方。

法国

1992 年 10 月与夫人邓佩珍参加法国召开的非氧化物玻璃会议时，受到法兰西科学院院士哈格缪勒(Hagenmuller) 教授的热情接待

我从 1979 年开始曾七次访问法国，到过雷恩、里昂、波尔多、戛纳、尼斯、蒙彼利埃等地，参加了多次国际玻璃专业会议。最近一次（2011 年），我在巴黎停留一周，专门考察罗浮宫（Louvre）、Guime 亚洲博物馆、凡尔赛宫（Versailles）和枫丹

白露宫（Fontainebleau）。

德国

我多次访问德国，从东、西德国分裂时期到以后统一。

1983 年，在德国汉堡参加国际玻璃大会

二次大战后德国分为东德（德意志民主共和国）和西德（德意志联邦共和国）。东德为原苏联占领区，1949 年与我国建交。从 1984 年开始，应东德科学院邀请，我到东柏林较多，访问了东德境内的东柏林、耶拿（Jena）和魏玛（Weima）古城。耶拿为光学中心，有肖特光学玻璃厂和钱司光学仪器厂以及知名的耶拿大学，我多次参加 Ott-Schott 论坛以及 Ernst-Abbe 会议，都是以德国现代光学两位创始人命名的国际学术会议。

我访问西德（美、英、法占领区）也很早，1983 年我在西德汉堡（Humbug）参加第 13 届国际玻璃大会，在维茨堡（Wurzburg）参加第 2 届国际溶胶－凝胶会议，以及在 Clauasthal-Zellerfeld 参加第 7 届国际大学间玻璃科学会议。我有两次访问西德后，又去东德，当时东德人十分感叹，因为当时他们德国人不能自由往来。当时首都柏林也分东、西柏林，中间被一座白色的柏林墙所隔开。

东、西德统一后，我又有四次访问德国，主要为考察和商量在光信息存储技术方面的合作，以及参加在耶拿延续举办的 Otto-Schott 论坛。

1994 年，中科院光存储技术组访问德国（左 1 沈德芳、左 3 干福熹、左 4 侯立松、左 5 闵嗣桂）

荷兰

从 1988 年开始，我三次访问荷兰，都是和光存储技术的交流与合作有关，因为世界上著名的电子和电器公司菲利浦（Philips）的总部，还有国际上颇有影响的光盘制造设备公司（ODME）都设在荷兰爱因霍芬。荷兰是“低洼之国”，风车和木拖鞋是荷兰国的象征。海牙不仅是荷兰政府所在地，而且是国际法庭的驻地。鹿特丹是世界的大海港。首都阿姆斯特丹（Amsterdan）是荷兰王国的经济、文化中心和重要海港。荷兰的面积不大，我访问过上述各城市。

比利时

我只到过比利时一次，1988 年去比利时在根特（Gent）举办的国际玻璃协会的执委会，国际知名的比利时平板玻璃公司及玻璃研究所在那里。我国最老的秦皇岛耀华玻璃厂就是比利时的公司在华建造的。曾途经比利时首都布鲁塞尔（Brussels），目前不少欧盟组织设在这里。这里也召开过世界博览会，比利时至今还是工业发达的国家。

西班牙

为参加第 16 届国际玻璃大会，1992 年 10 月到过西班牙的首都马德里

(Madrid)，文艺复兴时期现实主义杰作《堂·吉诃德》的故乡。西班牙是山地之国，富藏金属矿产。会议组织参观了古城托莱多（Toledo）。

1999 年 6 月，与邓佩珍访问列支敦士登山区

卢森堡

2004 年我与邓佩珍参加了在德国萨尔布吕肯的国际玻璃镀膜会议后，顺访卢森堡。一天的时间参观了首都卢森堡，的确是一个富裕强盛的国家，欧盟的不少组织都设在卢森堡。

列支敦士登

我于 1965 年访英之际，在列支敦士登的巴尔查斯（Balzers）停留过，主要此有一闻名世界的真空设备公司，同名为巴尔查斯，当时订购了一台该公司的光学薄膜制造设备。30 年后，1995、1999 年我又两次访问了巴尔查斯，这时，该公司已制造光盘系统生产设备，发展了新的真空镀膜工艺。大自然赋予清洁和优雅的山城环境，的确很有利于发展精密机械。在该公司副总裁的陪同下，访问了首都瓦杜兹，看到一座五层小楼的国家银行，很难想象它却是金融业的堡垒。

梵蒂冈

1992 年我和邓佩珍访问意大利罗马特格里斯都第（Degli Studi）大学时去过。我印象最深刻的是它收藏的天主教古代文物，特别在中世纪政教合一时期收集的教堂珍宝。

摩纳哥

摩纳哥公国位于法国东南，南临地中海。面积 1.5 平方公里，人口

2.6万。原来就是法、意两国混居区，现在主要语言为法语，与法国边界可自由通行。2011年我和颜宝新访问法国尼斯期间，有一天沿地中海岸边驱车去摩纳哥。摩纳哥相当于一个小城，是个典型的微型国家，内有著名的巴塞罗拉赌场，公国皇宫和摩纳哥大教堂。

美洲国家

美国

从1979年开始我到过美国10多次，但从1999年“9·11”事件后，由于不喜欢繁琐的入境手续，这10年我没有去过美国。我到过美国不少地方，大部分是参加科学技术国际会议，如激光技术、光电子信息技术以及玻璃和非金属材料科学会议。访问和考察过不同类型的科技单位和大学，结识了不少科技界和教育界的朋友和同行。如以上章节中所述，这些对我国激光技术、光存储技术和玻璃科学技术走向世界起了重要作用。

1979年访问美国劳伦斯·利佛莫尔激光核聚变实验室（右为该实验室主任爱米特教授，左2为吕保维院士，左3干福熹）

从参观旅游的角度来讲，我喜欢旧金山金门大桥；洛杉矶好莱坞电影城和迪斯尼乐园；圣地亚哥的海边；沙漠中的赌城拉斯维加

斯；华盛顿的纪念堂和建筑；纽约的曼哈顿大街和自由女神像；休斯敦的宇航中心；北部伊利湖和安大略湖之间的尼亚加拉大瀑布；亚利桑那州（Arizona）的大峡谷；奥兰多（Orlando）的迪斯尼世界；加勒比海（Caribbean Sea）上波多黎各（Puerto Rico）岛的海滩。

1979 年参加在美国加州(San Diego)召开的国际激光会议

20 世纪 80 年代访问美国，我总是一个人或带团、组，而 90 年代我经常与邓佩珍同行，俩人参观访问。1988 年我小儿子干效宁去美国读大学，学计算机软件，先在美国中部俄克拉荷马（Oklahoma）州立大学，后转至威斯康星（Wisconsin）州立大学。夏天访问美国时，我们去看他或他出来陪我们参观。我很留恋这几十年中的访问和交结，还希望能再去一次，向我的美国老朋友问声好，重叙友情。还希望有机会去纽约参

1998 年 7 月与邓佩珍在美国旧金山参加第 18 届国际玻璃大会

观一下大都会博物馆……只要身体条件许可的话，去一下黄石公园和阿拉斯加。

加拿大

从 1982 年开始，我已 8 次访问加拿大。20 世纪 80—90 年代主要是参加国际玻璃协会年会和国际光学工程协会的年会访问加拿大的。80 年代末到 90 年代初为我们和加拿大多伦多的磁记录公司联合开发磁光存储器来过加拿大几次。我们访问过首都渥太华、西边的温哥华、东边的魁北克、西南面的蒙特利尔、东南的卡尔加里等地。

2008 年在加拿大多伦多三儿子家，与儿子干效宁和孙女干馨一起给去世的奶奶做生日

21 世纪以来，夏天我和邓佩珍在加拿大停留的时间较长一些，主要是我们的小儿子干效宁已定居加拿大多伦多。近 10 年中我到加拿大 4 次，我有较多的时间住在多伦多，因此熟悉了皇家安大略博物馆（Royal Ontario Museum），在此考察了该博物馆收集的中国文物。难以忘怀 2008 年夏天，干效宁开车行程 2000 公里，10 天中从卡尔加里（Calgary）北上，经过落基山国家公园，到嘉斯珀尔（Jasper），沿途上冰川找玉石。

墨西哥

1994 年 4 月我从美国休斯敦南下进入墨西哥东北部的重镇蒙特雷，参加国际玻璃协会的执委会。这里是墨西哥最大的玻璃集团所在地，在他们

1994 年在墨西哥 Monterrey 参加国际玻璃协会执委会，与到会人员在私人庄园合影

的庄园内参加会议并举行私人露天歌舞表演。在此我领略到了一点墨西哥的文化艺术，但没有机会去墨西哥城访问玛雅遗址，因为我没有办专门签证，从美国过境来，只能停留 10 天。在蒙特雷文化市场，我收集了一批火山玻璃，因为墨西哥南部多火山，地震频繁。我期望今后能再有机会，重访墨西哥。

巴西

我两次访问巴西，只访问了巴西东南边的海岸区一小段。1997 年 9 月我在英国访问后，从伦敦乘机到巴西圣保罗后转里约热内卢（Rio de Janeiro），参加第 6 届第三世界科学院院士大会。会议在里约热内卢市一座漂亮的海边五星级饭店召开，巴西总统出席开幕式，政府宴请是在一家烧烤店，十分别致。巴西盛产宝石，我参观了几家国际宝石公司，购了几件矿石标本。会后到圣保罗访问了圣保罗大学和康皮纳斯（Campinas）大学

1997 年 9 月在巴西里约热内卢参加第 6 届第三世界科学院院士大会（左起汪尔康、洪国藩、许智宏、干福熹、傅淑琴）

2000 年 4 月和邓佩珍参加国际非氧化物玻璃会议，在巴西里奥兰德岛会议处

的材料系和物理系，原子核和能源（Inst. Nuclear and Energy Research）研究所，历时两周。

2000 年 4 月我和邓佩珍参加第 12 届国际非氧化物玻璃会议，从上海经纽约，到圣保罗，再转机到弗洛里安诺波利斯，飞机上的时间约 24 小时，十分疲劳。会议的地点是在大西洋西边十分美丽的岛上。会后参观了圣保罗大学在圣加洛斯（Sao Caulos）和康皮纳斯分校的物理系以及原子能研究院的化学所。我和邓佩珍又到里约热内卢市参观，从那里经洛杉矶返回上海。到巴西，收集宝石矿物样品是我最感兴趣的。

非洲国家

辽阔的非洲，我只访问过两个国家：尼日利亚和埃及，而且都是利用了特殊的机会成行。

尼日利亚

1995年9月为出席第5届第三世界科学院院士大会，我从北京经瑞士苏黎世飞往尼日利亚的海港城市拉各斯（原首都），次日由警车开路前往会议地点新首都阿布贾（Abuja），它位于尼日利亚中部。军政府主席出席开幕式，礼仪很周到。住在希尔顿（Hilton）五星宾馆，但不能自由上街，有一次观看市容，都是集体行动。我们想到非洲的部落去参观，只能通过他们的科技部私下商量，还好派了一辆大型吉普车拉我们到市郊区转了一下，和部落中妇女照了相。中国驻尼大使馆官员陪同我们参加会议，并在拉各斯总领事馆接待了我们。

（左）在尼日利亚召开的第5届第三世界科学院院士大会开幕式上，接受尼日利亚军政府主席与第三世界科学院院长的颁奖
（右）在开幕式与仪仗队姑娘们合影

埃及

埃及是个具有悠久历史和文化的文明古国，最早可以推至公元前3000多年。但进入公元纪年后，它不断受罗马帝国、奥斯曼帝国等侵略，从18世纪开始又受法国和英国殖民军的侵略。所以埃及的古代文物大量流失，到1953年才废除君主制建立共和国。

我很想到埃及去访问，但缺乏机会。2001年美国光学学会鼓励资深会员（Fellow）到第三世界国家去访问，我是受此启发，由美国光学学会资助到埃及去讲学，合作单位是埃及国家科学技术中心（National Center for Science and Technology）。邓佩珍与我同行，10天时间在开罗。我们在该中心围绕激光材料和信息存储技术讲学5次，并举行座谈。在埃及方面陪同下，参观了吉萨金字塔和国家博物馆以及开罗市容。以后有10天，我们沿尼罗河南下，参观了卢克索、阿斯旺等地的名胜古迹，这是一次很有意义的科技考古旅游，收获很大。

2005年第三世界科学院又准备在埃及亚历山大市召开院士大会，我很想再次去埃及访问，为安全考虑，我被劝阻了。

1981 年访问澳大利亚，在射电天文台前留影

大洋洲国家

大洋洲由许多太平洋岛屿组成，最大的两个岛国，即澳大利亚和新西兰，我都访问过。

澳大利亚

1981 年 8—9 月我首次去澳大利亚，当时是从上海到香港，再转机去悉尼，是受澳大利亚光学学会邀请，参加第二届全澳激光会议。会上我介绍中国激光发展情况，由此也结识了悉尼大学和南威尔斯大学不少教授，打开了中国与澳大利亚的学术交流和联系。

1987 年在上海复旦大学物理系学习的二儿子干效松进入澳大利亚悉尼大学刚成立的物理光学系攻读博士学位。1991 年 4 月我和邓佩珍去澳大利亚维多利亚州举行的第 7 届国际卤化物玻璃会议，会后访问了墨尔本工业大学；在悉尼，我们见到了儿子和儿媳，他们陪我们游览了悉尼附近海景。

10 年后，干效松夫妇已定居墨尔本。2000 年 12 月到 2001 年 1 月，我去墨尔本参加国际自适应（Smart）材料会议。会后访问了墨尔本斯惠保（Swinburne）工业大学生物物理和电子工程学院，又到悉尼访问悉尼大学物理光学系，及阿德莱德（Adelaide）大学传感器研究中心。游览了印度洋海岸。

2006、2008、2009 年我三次去澳大利亚访问都是在冬天春节前后，那是因为 2005 年底我生病和 2007 年邓佩珍去世后，我躲避上海寒冷的冬天和节日的孤独。我去澳大利亚，因为那里有我儿子的家和不炎热的夏天。我在

1991 年 3 月，与邓佩珍访问澳大利亚悉尼及参加在维多利亚举行的国际非氧化物玻璃会议

澳大利亚访问考察的内容也有所变化，除了纳米光学和光子学以及纳米材料外，我关心澳大利亚的玉石和文化，特别是原住居民的来源。所以，除访问 Swinburne 大学的微纳米光子学中心与原子和超快光谱研究中心，也访问了西澳大利亚大学的光学和生物工程研究中心以及昆士兰（Queens Land）大学数学和文理学院。我去澳大利亚也为科技考古，收集天然玻璃和矿石，访问维多利亚（Victoria）州立博物馆，昆士兰大学历史系以及悉尼大学亚洲中心。

新西兰

访问新西兰都是在访问澳大利亚途中进行的。第一次是 2000 年 12 月，我和邓佩珍先访问了新西兰南岛的基督城（Christchurch）的坎特伯里（Canterbury）大学的纳米结构和工艺研究中心。后来到北岛惠灵顿（Wellington），访问了维多利亚（Victoria）大学的物理系。在这次访问中，我发现了在新西兰毛利（Mori）民族有灿烂的玉文化，而新西兰也是产软玉和蛇纹石玉的地方。所以，2009 年 12 月我专门访问新西兰南岛。南岛首府克莱斯特彻奇市近年地震不断，这次我再次访问坎特伯里大学纳米结构和器件研究中心，并游览该市，主要是登冰川，找玉石。走遍了南岛，收获很大。

2009 年 12 月在基督城教堂前拉着我的孙子

亚洲国家

土耳其

我去土耳其伊斯坦布尔两次（1985、1996 年）都是为参加国际玻璃协会（ICG）的年会、理事会和执委会。因为土耳其的玻璃集团公司比较强大，该公司技术总监牙拉万（Yaraven）女士曾任 ICG 主席。两次会议的会址都在伊斯坦布尔。所以，对该城市参观较多，而我也感兴趣。

1996 年国际玻璃协会执委会在伊斯坦布尔召开。Nicolett（左 1）、Soga（左 3）、Prindle（左 4）先后担任 ICG 的主席

2001 年 10 月，在伊朗德黑兰参加第三世界科学院院士大会

伊朗

我是 2001 年 10 月去伊朗德黑兰参加第三世界科学院院士大会。会议期间参观了德黑兰市容，具有欧亚混合的建筑风味，会后专门组织我们去参观清真寺林立的伊斯法罕（Esfahan）和在设

拉子（Shiraz）市附近、原是古波斯帝国的波斯波利斯（Persepolis）古城，能有机会了解伊朗的名胜古迹，也看到一些伊朗人民的风俗习惯。如没有会议方提供的这些条件，很难在这短时间（2 周）内看到这些景象。

以色列和巴勒斯坦

2001 年 3 月，我和邓佩珍应以色列光学学会邀请，参加在耶路撒冷（Jerusalem）举行的第 10 届光学工程会议。以色列激光和光学方面的同行是我在英、美等国参加国际会议上认识的，对我们很热情。我参观了“犹太人苦难的流浪历史博物馆”后，才了解犹太民族过去所承受的苦难，才理解耶路撒冷山下的哭墙的意义，也对“犹太复国主义”有了较全面的理解。虽然耶路撒冷分了几个不同民族居住的区，但是可以自由来往的。耶路撒冷市中心的圣殿山是三教汇合的圣地，伊斯兰教穆罕默德的升天、耶稣教的耶稣基督的讲道以及犹太教的圣殿都发生在此地。圣殿山下是公元 70 年犹太大希律王建立的圣殿遗址，现在只保留了圣殿的西墙（哭墙）。在圣殿山上是建立于公元 691 年的伊斯兰教金顶岩石清真寺。我通过以色列的卫哨，走到山上的伊斯兰教的圣地金顶岩石清真寺，也通过约旦河西岸巴勒斯坦管理区到死海去观览。我希望两国能互相理解、和平共处。

由于我认识以色列科技部的一位俄裔首席科学家，所以会后派专车和专人陪同，安排我们访问了特拉维夫（Tel Aviv）、海法和内格夫（Negev）等地大学和国家实验室，对以色列发展激光和红外技术及材料有了一个较全面的认识。

马来西亚、新加坡

我三次到过亚洲南边马来西亚，主要在首都吉隆坡。马来西亚是伊斯兰教国家。第一次是 1989 年 10 月，参加“国际锡和硅化学会议”。马来西亚是盛产锡的国家，锡器是主要工艺品，所以政府很重视，元首也参加

1990 年去马来西亚参加应用物理、激光与等离子体技术夏季讨论会并作学术报告

了会议的宴会。在这次访问中我认识了马来西亚大学化学和物理系的教授们。因此，翌年 6 月马来西亚大学主办的“夏季应用物理、激光和等离子体工艺讲习班”邀请我作《激光材料的物理和光谱学》的演讲。接着 1993 年参加“主族元素的材料科学和环境化学会议”，我作了《光存储用稀土元素合金和氧化物薄膜》的报告。这次会议后，他们陪同我访问了华人集中居住的要塞城市马六甲，以及留有一天时间访问了马来西亚的邻国以华人为主的新加坡，只是参观游览，未访问新加坡国立大学。

菲律宾

1995 年 5 月我去菲律宾首都马尼拉（Manila）是为了参加第 6 届亚洲化学大会。我做了一个《光存储和非线性光学的新的有机材料》特邀报告。会议为 5 天时间。我第一次到马尼拉，希望能观光一下市容，所以找了宾馆

1996 年参加马尼拉举行的第 6 届亚洲化学大会（左起：白春礼、干福熹、游效曾）

的出租车，司机兼作向导并能用英语介绍，在马尼拉英语是很普及的。经司机的介绍，来马尼拉值得看的地方是华人公墓和美军人公墓。我感到吃惊，到了那里才知华人公墓地像一个小镇，每幢房子内是墓地，悼念的大厅像小镇会议室，这里可以看到当地的华人虽不是主要民族，但经济上都是富有的；而美军人公墓是纪念二次世界大战中牺牲的军人，公墓地是一个广阔美丽的公园，由于时间紧迫，只到海边游览，没有去其他地方。

印度

1986 年 2 月我去印度首都新德里，作为中国玻璃代表团团长，参加第 14 届国际玻璃大会，在大会上作了《非氧化物玻璃》特邀报告，中国有 10 多人参加了会议。新德里作为印度的首都，是在德里边新建的，城市建筑和道路十分西化。老德里是典型的印度城市，有城墙、庙宇，牛在大街上自由漫步，路上有很多乞丐。

1986 年 2 月，在印度新德里参加第 14 届国际玻璃大会（左起：使馆人员、龚方田、李家治、黄熙怀、干福熹、王承遇）

会议组织访问了印度最著名的泰姬陵古迹，它位于距新德里市 200 多公里外的阿格拉古城，建于 1632 年莫卧尔王朝。泰姬陵全部用纯白色大理石筑成，由玻璃、玛瑙镶嵌而成，绚丽夺目、美丽无比，有极高的艺术价值，是伊斯兰教建筑中的瑰宝。

受印度国家玻璃和扩瓷研究所的邀请，乘飞机到印度东边著名的海港城市加尔各答。这是一个东、西文化交杂很浓的城市，但城市交通很乱。汽车、电车、人力车、马车和神圣的公牛一起挤在马路上同行。虽然是2月份，但我感到天气已很热了，我们匆匆结束了印度的访问之行。

泰国

1986年2月从印度访问后，返国途中，在泰国首都曼谷停留转机，在湄公河出海口边吃生鱼片，印象比较深刻。正式访问泰国是1988年5月，由中国大恒集团公司组织，打算在泰国曼谷建立合资公司，准备生长和加工宝石，因为中科院的光学所都有光学和激光单晶的生长和加工基础。泰国方面有从事钢铁加工公司的资金支持。由上海光机所的激光晶体室和嘉光光学公司的领导及专家参加，我带队前往泰国调研。在曼谷我访问了中资公司，了解当地情况，考察了曼谷宝石市场和宝石加工厂，参观了曼谷市容和旅游胜地帕达雅。

大恒公司和上海光机所领导访问泰国曼谷（左2王润文、左4马仁勇、左5干福熹、左6胡绍衣、左7马笑山）

日本

从1979年开始到2004年，我和邓佩珍访问日本近20次。邓佩珍还参加了日本学术振兴会支持的两次中、日合作研究计划，每次在日本停留

1 个半月。我们在日本科技考察的主要方面是激光和光电子技术、玻璃和单晶体材料科学以及信息数据存储技术。我们结识了不少大学、研究所、高技术公司的同行专家。参加学术会议最多的地方为东京、大阪和京都；访问研究单位，曾到过札幌、仙台、横滨、千叶、静冈、名古屋、冈山、福冈等地。由日本邀请方陪同，去过富士山、和歌山、箱根、热海等地。

1985 年率中国科学院光电子小组访问日本电子技术综合研究所（左 1 侯洵，左 2 干福熹，右 1 潘钏，右 2 竺玄）

韩国

我和韩国的接触比较迟，从 20 世纪 90 年代开始，由于要在信息数据存储技术方面交流合作，1994 年 10 月，我首次访问位于韩国首尔的韩国先进科技研究院，位于大田的韩国科技学院，参观了水原的三星中央研究所。1996 年 9 月应邀请参加在首尔举行的“在可持续发展中先进材料的作用”的国际会议。我作了《在高密度光存储中先进材料》的特邀报告。

1994 年 10 月，干福熹（左 4）和李锡善（左 6）访问位于 Suwon 的三星中央研究所

2000年2月参加了韩国光学学会成立10周年的纪念大会，代表中国光学学会作了《中国光学的过去、现在和将来》的特邀报告，会后参观了庆应大学的信息存储器件研究中心并作了报告。在首都首尔市参观中，我对韩国政府恢复和保护历史古迹的努力，印象比较深刻。

港澳特区

香港

1981年8月我出访澳大利亚，要在香港转机，在香港停留了2天。这是我第一次到还是英国殖民地的香港，一切都很生疏，首先是语言，我不懂广东话，当地人也听不懂我的普通话，只好用英语对话。我住在美丽华酒店，一切服务要付小费，也是我头一次经历。香港中心地区高楼大厦，但周边地区破烂。飞机在九龙机场着陆时，看到周边一片矮小的房屋，街道地摊上全是黄色报刊。我的印象：香港的确是一个殖民地城市。

2004年香港紫荆花回归纪念碑

1987年4月我作为中国大恒集团公司总裁，出席我们独自经营的香港科恒公司的开业。这时香港已建立廉政公署，城市的面貌和风气有很大改观。20世纪80年代末至90年代初，差不多我年年去香港，开展与香港的合作，香港科恒公司是作为中国大恒集

2002 年香港特区行政长官董建华(前左4)接见以路甬祥(前左3)为首的中国科学院访问代表团(前左2 刘新恒、前左5 吴德馨、前左6 干福熹、后排左2 陈凯先)

团公司的境外窗口。同时，我正着手光盘信息存储技术的研究和开发，每年要去香港参加亚洲光盘设备和技术展览会及光存储技术高层论坛。所以仍有较多的活动。

1997 年 7 月 1 日香港回归后，香港与内地的关系更紧密，来往更多，讲普通话也随之普遍。从 20 世纪 90 年代末到 21 世纪初，我和邓佩珍参加国际会议和以学术活动为主，多次去香港。我们到香港大学、香港中文大学和香港科技大学访问和讲学，也观光了香港市容。

2002 年我随以路甬祥院长为首的中国科学院代表团访问香港，参加两地学术论坛。香港特区行政长官董建华接见我们时讲："以往香港人称大陆来的人为'大陆仔'，看不起；今后观念要改变，我们要依靠大陆来客，香港的繁荣、发达要靠大陆的支持。"10 年过去了，历史事实已被证明。

澳门

我很早想去澳门访问，但要单独办签证。1999 年 12 月 20 日澳门回归后，我只要办一个港澳入境手续。2000 年 11 月我从香港去澳门游览三天。

我是应联合国教科文组织设在澳门的联合国大学计算机软件研究中心主任周巢尘院士（中科院，1993）邀请访问，在澳门由何基沣院士（中科院，2007）陪同参观。虽然葡萄牙殖民者统治澳门四百余年，但它仍保持中国南方老城市的习俗。我看到具有中、葡文化融合的不少老建筑，保护甚好。虽然澳门以旅游和博彩业著名，也是我国南方国际贸易自由港口之一，仍是环境优雅，适合于人们居住的城市。

我喜爱的博物馆

参观博物馆是我的最爱，出于我对历史、文化和考古的兴趣。特别是我步入老年时，喜欢研究古代硅酸盐质文物。由于此因，我对下列几个博物馆情有独钟，印象较深。

大英博物馆

大英博物馆的历史及规模是世界之最为著名的。我访问大英博物馆多次，每次访问英国，我总会花一两天时间在伦敦大英博物馆流连忘返。在伦敦我选择的住处，常常是离大英博物馆很近的皇家旅馆（Imperial Hotel），或是附近的小旅馆，它们离伦敦唐人街和伦敦大学也不远。我欣赏大英博物馆的开放性，只要你不用闪光灯，在博物馆内可以照相和录像，也可以到研究室去交流和索

由釉砂制成的河马像，发掘于美索伯达米亚的乌尔（公元前3000年，大英博物馆藏品）

古罗马时代最著名的波特兰雕花玻璃花瓶（公元前100 年，大英博物馆藏品）

取资料。2005 年 4 月出版我编著的《中国古代玻璃技术的发展》一书中，引用了不少大英博物馆收藏的古玻璃照片。同年 7 月我再访大英博物馆时，作为回报，我向该馆东亚研究部赠送了我的著作。

大英博物馆收藏了很多欧洲的雕塑和名画，但我最看重的是由于英国是老牌殖民者，它收集了全世界各文明古国丰富的文物，如西亚美索不达米亚、埃及、伊朗、希腊、印度和中国的文物资源都有展出。

埃及国家博物馆

宝玉石胸饰（公元前 14 世纪，埃及博物馆藏品）

埃及国家博物馆位于开罗市中心解放广场。2001 年 6 月我和邓佩珍访问了埃及国家博物馆。埃及是个具有悠久历史和文化的古国，名胜古迹宏伟丰富，出土了不少珍稀文物。我印象极深的是公元前 14 世纪的图坦卡蒙国王的陵墓、灵柩和金面罩，因为这墓地未被盗窃过，出土文物完整和丰富。博物馆中展示出公元前 30—前 20 世纪的大理石和花岗岩雕像，用宝石作眼珠，栩栩如生；展示出公元前 30 世纪的尼罗河泛期的石刻记录以及天文图，可以看出古埃及时代人们的科学技术；至今仍那样鲜艳夺目的壁画，是历经了近五千年岁月的考验，可见当时选用颜料的科学性。埃及古代的文物还不断在发现，埃及人民觉悟地知道要保护他们自己祖先创造的财富，就在 2011 年埃及开罗动乱时，人民自发起来保护地处市中心的埃及国家博物馆。

法国罗浮宫

罗浮宫中东展厅的青金石玉杯

巴黎罗浮宫是百年前法国资产阶级革命后，把路易十六皇帝的宫殿改为收藏世界古代文物的博物馆。宫殿的整个建筑壮丽雄伟，用来展示珍品的近百个宽敞的大厅富丽堂皇，大厅的四壁及顶部都有精美的壁画及精细的浮雕，处处都是呕心沥血的艺术结晶，让人叹为观止，参观这座艺术殿堂也够得上一次难以忘怀的美好享受。在罗浮宫几百年的历史发展过程中，形成了迄今为止欧洲古典主义建筑代表作品的一个整体。1989 年，著名华裔建筑师贝聿铭先生经过深思熟虑，设计建造一个“金字塔”式的博物馆进、出口建筑景观。虽然此建筑开始也有争议，但最终它成功地为巴黎市景观增添新的耀眼光彩。我参观罗浮宫多次，但都匆匆忙忙走过，只看了罗浮宫的三件镇馆之宝：蒙娜丽莎油画、维纳斯雕像以及胜利女神雕塑像，留下的只是照片而已。去年（2011 年）我又再次重访罗浮宫，为我当前的科技考古收集一点资料，我较为仔细地重点参观埃及馆和西亚（或称中东）馆。

我的印象，罗浮宫这两个馆的展品比大英博物馆相应的要多。馆藏收集了从公元前 3000 多年以来的十分精美的玉石雕件。由此看，不能绝对地讲中国最早拥有玉器。我国用玉制品作礼器较多，而西方作装饰品和用具颇多。看到一批精美的绿松石和青金石制品，从年代上讲早于中国的相应文物（公元前 3000—前 2000）。由此值得我们再深入思考一下，中国文物的这些矿物原料来源和镶嵌技术的起源。

古代西亚（美索不达米亚的两河流域）和古埃及的釉砂与玻璃制品比我国早得多。以往资料，我大部分来自大英博物馆，这次在罗浮宫，看到古代文明时代（公元前 3500—公元前 2000）精美的釉砂制品。特别是在公元前 2—前 1 世纪，玻璃吹制技术的产生及其以后快速传播的影响（西罗马帝国时期），使我感到，我在从事古代玻璃器的研究中值得再斟酌。

这次我想看一些罗浮宫馆藏所保存的中国文物，但令我大失所望。在罗浮宫和枫丹白露宫的介绍内容上都有中国藏品，但展出能看到的甚少。特别是中国的玉器，在八国联军侵占中国北京时，就从圆明园抢走了大量的宫廷玉器，枫丹白露宫的中国馆介绍中也提到此事，但并未展出，事出有因，怕引起我们追问？只展出少数中国宫廷作为礼品送来的玉器。

中国洛阳金村古墓中出土的铅钡硅酸盐“蜻蜓眼”玻璃珠（公元前 500 年，皇家安大略博物馆馆藏）

加拿大皇家安大略博物馆

加拿大的历史是部移民史，19 世纪中叶，加拿大成立了联邦制国家——加拿大自治领地。1931 年，加拿大在英联邦内获完全独立。它的博物馆以收集他国的文物为主，特别是古老国家的文物。据统计，世界上有三个国家以收集中国的文物闻名，它们是英国大英博物馆、美国大都会博物馆和加拿大皇家安大略博物馆。近几年博物馆建筑作了很大的扩建和改建。因为我的小儿子干效宁在多伦多工作已多年，所以每次我去加拿大，总要到该博物馆来次亲密会合。日久后，通过友人介绍，我认识了该馆主任研究员沈辰。因此，我不仅在展室，而且有机会到库房参观我感兴趣的中国文物。逐步了解该博物馆收集这么多中国文物，

中国古代殷前玉器（公元前 3000—前 2000 年，皇家安大略博物馆馆藏）

特别是硅酸盐质文物的来由。在20世纪30年代初，博物馆创始人之一怀德（William C. White）去中国传教，并任河南教区的主教多年，他在河南收集中国的出土文物，特别对知名的河南洛阳附近的战国金村古墓出土的青铜器、玉器和玻璃器，收集了不少。怀德还用英文写了一本《金村古墓》的报告，发表于瑞典皇家学会志上。这批文物被他带回加拿大，并捐献给博物馆，至今还在展示大厅中展出。这是我从各个博物馆能看到的最丰富的我国战国时期出土的最具有中国特色的铅钡玻璃蜻蜓眼。在我的专著《中国古代玻璃技术发展》中，我介绍了这段古玻璃研究的历史。

古埃及的釉陶墙(公元前500年,皇家安大略博物馆馆藏)

在该博物馆中，还收集了较多的中国古代玉器、中国大幅佛教壁画、埃及和古巴比伦的石器与雕塑物以及古代的釉砂和釉陶制品。我期望有机会能与皇家安大略博物馆作进一步合作研究。

意大利威尼斯地区玻璃博物馆

威尼斯地区有三座和古代玻璃密切相关的博物馆：穆拉诺玻璃博物馆、威尼斯市玻璃博物馆以及阿尔蒂诺考古博物馆。前两座博物馆都是威尼斯地区经历了从15世纪至18世纪的衰败后，为振兴威尼斯地区玻璃工业，收集从罗马帝国以来的威尼斯地区的古代玻璃，作为业绩来振兴玻璃

2011年在威尼斯穆拉诺玻璃博物馆门口

威尼斯地区博物馆收集公元 1 世纪的吹制玻璃器

生产业而建立的。穆拉诺博物馆充实地反映玻璃制造业的历史，更多地展出了 16 世纪以后的玻璃器皿在艺术和技术上的发展。威尼斯市玻璃博物馆是展出该地区 15 世纪以后的典型玻璃器，为显示以往的历史，由欧洲玻璃历史联合会意大利分会主持。阿尔蒂诺考古博物馆为展示近 10 年来在威尼斯地区位于兰古娜（Laguna）海湾边阿尔蒂诺镇的历史遗址上出土的主要文物，古玻璃器为主要出土文物，遗址时间经历古罗马，从公元前 2 世纪至公元 5 世纪。

威尼斯的玻璃博物馆，盛名世界。除美国康宁玻璃博物馆外，目前世界上很少有以展示玻璃为主的博物馆。但是如果你去过威尼斯旅游，一定会感受到威尼斯岛与各相关岛上的大街小巷，布满了卖艺术玻璃的商店。在威尼斯出门，除了步行，只能乘船，船划到各家门口上岸。另外一件事就是威尼斯至今保存了上千年艺术和日用玻璃的制造业和贸易。威尼斯各岛上有上百家制造艺术玻璃的小作坊，大都集中在威尼斯主岛东北方向的蒂拉诺岛上。那里，人们称它为玻璃岛，玻璃博物馆也设在那里。经历千年的风风雨雨，

17—19 世纪威尼斯的绕丝玻璃器
（威尼斯莫拉诺玻璃博物馆馆藏）

威尼斯至今还完整地保留那充满魅力的水乡城市面貌。

我去过几次穆拉诺玻璃博物馆。最近一次（2011 年 7 月）作为专业考察威尼斯地区的玻璃博物馆，由意大利 Stevanato 玻璃集团的市场部经理 Gabriele Peron 和国际玻璃历史研究会意大利分会秘书陪同。威尼斯陈列的玻璃样品分两部分：一部分是收集威尼斯地区的古代玻璃；第二部分为威尼斯穆拉诺岛制造艺术玻璃的发展史。

第一部分展出的古代玻璃样品有两个展室，收集玻璃的年代从公元 1 世纪开始。可见在罗马帝国当初兴起时，已有西亚（美索不达米亚）的玻璃从海路传入威尼斯地区，而且已能吹制成有模与自由吹制无模的两类玻璃器皿。由此可以看到，公元前 1 世纪西亚地中海沿岸（如黎巴嫩）出现的玻璃吹制技术对古代玻璃的发展起了极大的推动作用，也得到迅速传播。展览室中展出了公元1—5世纪在威尼斯地区生产的玻璃器。

中世纪由于各种社会原因，意大利威尼斯地区玻璃制造业遭遇衰退，到文艺复兴后期，才逐渐恢复。威尼斯穆拉诺本地的玻璃制造业是从 12 世纪后开始兴起，文艺复兴后（14—15 世纪）从颜色玻璃和绘画玻璃开始，以后陆续发展了绕丝彩色玻璃、金箔玻璃、白色仿瓷玻璃等。博物馆还展示了从公元 16 世纪后各时期的艺术玻璃的发展。威尼斯玻璃的主要辉煌时代为 17—19 世纪，使威尼斯的艺术玻璃闻名于世一直至今，这和意大利政府重视对威尼斯的传统文化艺术和工艺技术的保护密切相关。

美国康宁玻璃博物馆

康宁玻璃博物馆（the Corning Museum of Glass）建立于 1951 年，在康宁玻璃集团公司大力支持下（据称投入近千万美元的资金），经历半个世纪的努力，博物馆有很大的发展。博物馆有 10 多个玻璃展厅，展品收集得很多，包括每个时代和各个地区的样品，特别是 18—19 世纪欧洲和美

埃及阿门赫特泼二世(Amen hotep) 的玻璃头(公元前 1436—1433,康宁玻璃博物馆馆藏)

莫根(Morgan)雕花杯(公元前 1 世纪,康宁玻璃博物馆馆藏)

洲发展时期的玻璃制品,如威尼斯的玻璃制品、饮酒器皿、雕刻的水晶玻璃和镇纸玻璃等。中国古玻璃收藏较少,大部分为明清时代玻璃。1989 年我去博物馆访问时,在库房中向我展示了一批汉、唐朝时期的玻璃,我认为大都是后世人仿制的,不宜展出。但是康宁玻璃博物馆做了很多中国古代玻璃的分析研究工作,特别对铅同位分析,有不少开创性工作。康宁玻璃博物馆的老馆长勃利尔博士(Robert Brill)主持国际玻璃协会玻璃考古委员会近 30 年,对推动国际交流和合作做了不少工作。1984 年我主持召开"北京国际玻璃学术讨论会"时,邀请勃利尔博士和美国康宁玻璃公司的胡兴斯基(J. Wosinski)博士参加中国古代玻璃科技考古研究的专题讨论。会后出版了我主编的论文集《中国古代玻璃研究》一书。21 世纪初,在我编写《中国古代玻璃技术发展》一书时,他提供了不少康宁玻璃博物馆收集的古玻璃照片,以及文章和资料。他也作为副主编参加了我主持的《丝绸之路上的古代玻璃研究》(英文版)一书的编写。

法国巴黎西岱岛上的彩色玻璃教堂

彩绘和彩色平板玻璃作为教堂的窗户,既能透射光线又能艺术点缀,最初产生于罗马帝国时期(公元 5 世纪),我们可以在耶路撒冷的洛克大教堂和罗马的圣保罗大教堂看到。彩色玻璃在教堂中普遍应用是从公元 12 世纪开始,如德国科龙大教堂、意大利圣马可大教堂以及法国巴黎西岱岛上的教堂建筑。

巴黎圣母院的彩绘玻璃教堂

法国巴黎西岱岛是巴黎市的中心，又是巴黎城的发祥地。岛上有两座教堂，皆修建于12—13世纪。一座是巴黎圣母院，这座中世纪的教堂，见证了法国的历史。也由于法国大文豪维克多·雨果写了《巴黎圣母院》一书，盛名于近代史，而于20世纪拍摄成电影，更闻名于现代史。巴黎圣母院又以它历经沧夷的雕塑、壁画和教堂美轮美奂的彩色玻璃闻名于欧洲艺术史。我拜会巴黎圣母院四次，主要收集它的彩色玻璃资料。其中的圆形镶嵌结构的玻璃窗特别精致。每次清洗玻璃时，需要一块块取下来，清洗修复后再拼接上去。为了熔制加工、修复和保养，长期以来，这已成为一门专业的玻璃工艺学。作为哥特式建筑，采用了大面积的镶嵌彩色玻璃技艺，使室内光线增添明亮。

巴黎圣礼拜堂教堂的彩绘玻璃窗

另一座称圣礼拜堂教堂，位于西岱岛中部古监狱（现为巴黎法院）旁边，是一座独特的教堂，它是与巴黎圣母院同时代建造的哥特式皇家小教堂，于1245年动工。属于皇室为自己用的教堂，因此设计的建筑结构较特殊。教堂分上、下两层，下层为低级官员和仆人所用，采用砖墙，配了彩色玻璃窗。人们经过螺旋状的楼梯到上层，这是

专门为皇室人员所准备的，它是全由彩色玻璃窗构成的尖顶小教堂。由彩绘玻璃拼接而成高达 31 米的玻璃窗。并且在 15 个面积为 620 平方米的五彩缤纷的玻璃窗上，描绘了上千个圣经故事。这座彩色玻璃教堂以独一无二的风格现存于世，展现了欧洲中世纪的建筑辉煌。因为圣礼拜堂教堂坐落在巴黎法院内，一般不引起人们的注意。这是我最近（2011 年 7 月）访问巴黎时，特意安排去的，我排了半个多小时的队，首次带着仰慕的心情进入此教堂参观，收获不小。

玉石和冰川

从要研究中国的古代玉器开始，令我注意追溯起古代玉器的玉料来源，发现这些玉料的矿区都在高山上，相伴它的是千年远古冰川。近 10 多年来我有机会到国内外访问时，刻意注意了冰川地区。对玉石的探索，我首先追研的是软玉，因为它是玉器的主要材料，有玉文化和软玉来源的主要有三个国家，即中国、新西兰和加拿大。

中国昆仑山的玉石和冰川

我们一般在商店中购买玉石，总有人向你介绍，出产的玉石有“籽玉”和“山玉”之分：“籽玉”为天然的河卵石状，而“山玉”的原坯为裂开的矿料。由此就可以知道不同的来源，前者经河流冲刷后拾得，后者为山上开采。大家最熟悉的是“和田玉”，和田籽玉来自新疆和田地区的河流，而和田山玉来自和田地区南面的昆仑山上。我们就从和田玉说起，它是中国历史上最长使用的上等玉料。和田籽玉主要拾取于和田地区两条河，以出产白玉而闻名的玉龙喀什河（俗称白玉河）和出产青玉、墨玉的喀拉喀什河（俗称墨玉河）。这两条河流都发源于昆仑山北坡深山峡谷中，经和田地区进入塔里木盆地，在科什拉什附近汇成和田河。所以，和田山玉的来源要到昆仑山北麓去寻找。

从地质学的观点，高山上冰川向下移动时，不断地刮削山体，裂解岩石，天长日久，山体被磨蚀，而岩石不断地裂解、磨蚀，并随冰川融化的水流不断地推向下流，经千万年的磨蚀、冲压和撞击形成了河床和河滩上光滑圆润的籽玉。由于河床上的籽玉容易采集，年久后就要等每年河水高涨，把小块碎玉冲下来，秋季河水低落时捞玉。也有采玉人不辞辛苦，沿河逆流而上采集。久而久之，在离和田 160 公里处，昆仑山北坡喀什乡成为采玉人的居住处，现称玉石乡（海拔 2800m）。向上到白玉河与汉尼拉克河交界处（海拔 3200m）黑山村，再向上行已可见到阿格居孜的现代冰川的冰舌和冰川融化后暴露出来的积石层。在这段地区，采玉人曾找到几百斤重的大块玉石，这已是慕士山（山峰海拔 6638m）山麓和西昆仑冰川下。

在三亿四千万年前，剧烈的地壳运动中，昆仑山耸立于亚洲中部。软玉的成矿带也被升至海拔 4200 ~ 5000m，昆仑山巍峨峻险，终年积雪，常用“冰清玉洁”来形容，使它与冰川和美玉并蒂相连。中国古代著作中，都把登昆仑、采美玉作为自己美好的向往。屈原

新疆昆仑山脚下和田黑山冰川，冰川之下找美玉

的《九歌·河伯》中有“登昆仑兮四望，心飞扬兮浩荡”；在《九章·涉江》中也有“吾与重华游兮瑶之圃，登昆仑兮食玉英”，将昆仑与玉相提并论。我多想登昆仑，去探寻玉矿，如今已年迈体衰，只能随梦游此景兮。多亏中央电视台《东方时空》在2003年播放的《玉石之路》纪录片，拍摄组亲自探访了和田玉的源头，使我们看到“冰川脚下有美玉”的镜头。

昆仑山西起喀什地区塔什库尔干县，经和田地区，东至且末县阿尔金山，全长1100公里。高山上分布原生矿床及矿点，历史上重要的矿点，如于田县的阿拉玛斯地段和叶城县的密尔岱地段矿区，都位于海拔4500m冰川脚下，北麓的河流中沉积籽玉。这一带出产的玉石，皆为闪石类（硅酸镁钙）的透闪石——阳起石（俗称软玉）。根据我们最近的科学判断属于中酸性侵入体（如花岗岩）和镁质碳酸盐交代而形成的成矿机理，应该称新疆昆仑玉比较合适，或冠以地名，如叶城、和田、且末等软玉，但现在皆称为和田玉。

中国最北的冰川（天山1号）和玉石

2004年我在新疆乌鲁木齐主持中国北方古代玻璃研讨会之际，由中国科学院新疆分院安排，访问了地处天山北坡的中科院冰川考察站和天山1号冰川。中国有名的新疆玛纳斯碧玉产于天山北麓，很早传入中原，清代曾在玛纳斯县黄台子设立官办的绿玉厂。1975年挖出750公斤的大碧玉矿石，1986年也挖出250公斤重碧玉石。玛纳斯地处准噶尔盆地的南缘，而矿点有6处，皆在海拔2000m左右的天山北麓。玛纳斯碧玉为软玉类，但它的成矿机因与昆仑山玉不同，属于镁橄榄石或辉石与中、低温热液交代而成的蛇纹石，再与围岩在应力条件下交代形成软玉，这种在中国大陆出产的软玉型玉石中较少见，含有较多的Cr，Co，Ni等元素，是它绿色

2004 年，和邓佩珍在天山 1 号冰川雪线

的起因。很少见白色的玛纳斯玉。目前，开采的玛纳斯矿点，以前都是天山冰川移动时岩石被解裂、破碎随冰川融化后的水流冲到山坡，离天山 1 号冰川不远。

天山 1 号冰川是在北纬 42°，位于乌鲁木齐市南，从天山北坡上去，因为它是乌鲁木齐河的发源地，所以沿河谷向上行，眼看乌鲁木齐河越来越窄，而我们也逐渐进入天山山谷。中科院冰川考察站位于海拔 3000m 的河谷边，看到中科院的研究人员和研究生在此远离外界的地方工作，颇为感动。越野车沿着崎岖的山路到达海拔 3820m 的原来雪线，以后只得徒步而上，我走到冰川舌口。因为天山地处我国的北方，纬度高，所以雪线比较低。天山 1 号冰川曾对外开放旅游过，因为上来的人太多，目前为避免环境污染而禁止参观。

中国最南的玉龙雪山白水 1 号冰川和玉石

中国最南边的冰川群位于横断山脉的四川、云南境内，目前开放旅游的为北半球最南端的位于云南省丽江的玉龙雪山上的白水 1 号冰川，地处北纬 24°。玉龙雪山是云南纳西族人的神山，公元 7—8 世纪，纳西族人迁入云南地区，至今已有 1000 多年历史。雪山山腰云腾雾绕，远望像一条白色的巨龙，由此得名。雪山的山体主要由泥盆系和石炭系的碳酸盐构成，厚度在 3000m 以上，部分已变质为大理岩。玉龙雪山东麓有白水河和

2000 年在玉龙雪山

黑水河，分别以石灰岩层和玄武岩为主。这种地质结构下，有可能形成角闪石，但未作详细的探测。玉龙雪山有古冰川遗址——乾河坝，谷底 3300m，两侧陡壁为石灰岩质，是很有可能发现角闪石矿物的。

玉龙雪山在海拔 4500 ~ 5000m 的高度分布有 19 条冰川，其中“白水 1 号”是目前开放旅游的。2000 年从丽江市驱车去玉龙雪山，有一条笔直的逐渐上升的公路，可到达海拔 3000m 的缆车站，带了氧气袋，穿上滑雪衫后乘缆车而上。到达缆车终点已是冰川的雪线，海拔 4500m。由于我们当时皆快 70 岁的老人，不能在海拔 5000m 的高山上久留，所以未能采集玉石样本就下山了。

加拿大冰川和玉石

当我到达了东半球和北半球最南的白水 1 号冰川和最北的天山 1 号冰川后，我就奢望能登上西半球的冰川。2008 年夏天，终于实现了我的愿望，我第三个儿子——干效宁开车，由我的亲家范载云教授陪同，我们三人从卡尔加里沿落基山北上，经过 班夫（Banff），到了路易斯湖（Louise Lake），见到冰川，登上了哥伦比亚冰地（Columbia Icefield），到达嘉斯珀尔。由于加拿大是高纬度国家，雪线在海拔 2500m 左右，所以是较易到达冰川的。沿途我访问了不少玉石和玉器商店，也收集了一批玉石样品，收获不小。位于嘉斯珀尔的安琪儿（Angel）冰川在北美是著名的，由于冰川像带翅膀的小天使（Angel）而命名。冰川的冰层很厚，冰舌口有冰洞，我发现一大块石头，很像透闪石。在前面冰川已消融的沙砾上有一片石头滩，我拾到一块类似的小石块，带回来分析，的确是角闪石类。

2008 年和干效宁在加拿大哥伦比亚冰地上

加拿大不列颠哥伦比亚省的软玉矿在落基山西坡，沿弗雷塞河，皆在冰川脚下。中国华工于 1858 年在弗莱雪儿山谷（Fraser Canyon）中淘金时发现绿玉，以为是翡翠，而带回中国，使中国人较早去加拿大购买玉石。目前加拿大绿色软玉为国内大件雕刻件的玉料。

在加拿大落基山区软玉石商店门口

新西兰冰川和玉石

新西兰的冰川大都在南岛，因为南岛处在南纬 40° ~ 48°，雪线的位置在海拔 2000 m 左右，南阿尔卑斯山贯穿全岛。2009 年 12 月

加拿大嘉斯珀尔的安琪儿冰川，两手臂展开模仿安琪儿的翅膀

2009 年 12 月与干效松在新西兰南岛法郎斯－约瑟夫冰川的冰舌上

由我第二个儿子干效松全家陪同去访问冰川和寻找玉石，历时 10 天，行程 2500 公里。我们访问了最近两次地震的克莱斯特彻奇以及附近的海港城市阿卡罗阿，这是以前考察南极的出海口城市，有不少绿石，也由此运出新西兰。翻越南阿尔卑斯山，经过阿瑟帕斯国家公园，到达西海岸的格雷茅斯。新西兰的玉石都盛产在南岛西部地区。离格雷茅斯不远有一“绿石镇”（Green Stone Town），它是古老的玉石加工点，现已不生产。还有霍基蒂卡市，为目前主要绿玉石加工和贸易的城市。再沿海岸向南行，就到法郎斯－约瑟夫冰川。再向前是新西兰最大的福克斯冰川。这两座冰川都起源于新西兰南岛最高峰——库克山（海拔 3764m）。玉石随冰川的移动和消融推向海岸，成为南岛西部的主要玉石产地。

新西兰南岛另一处玉石出产地是在皇后镇，这是新西兰有名的旅游胜地，它有一条狭长的瓦卡狄浦湖，四周为群山，离新西兰南岛另一高峰——阿斯派灵山不远。人们不会太注意到，在瓦卡狄浦湖的西边山区，有一条“绿石小道”（Green Stone Trail），是为旅游的人去找石头的。在瓦卡狄浦湖上游的山谷中，中国劳工在淘金砂中捞到绿玉，就成为出产玉石的重要地方。我到此访问时，看到附近的“华人村”（Chinese Village），不胜感叹，中国劳工在世界上到处为发现玉石而作贡献。

从皇后镇去另一有名的海边旅游城市米尔福德桑德（Milford Sound），是经过阿斯派灵山的冰川脚下，我带了我的小孙子干逸陶和干逸亭拍照留念。再向里边进去就是产波纹石（Bowenite）的老矿区。在一乡间，有一间很小的玉石博物馆，我买了一块玉石，带回国后进行测定。

总之，几次在加拿大和新西兰的访问，总感到冰川是玉石的发源地，是冰川把天然美玉送到了人间。

2009 年 12 月与孙子干逸陶和干逸亭在新西兰南岛阿斯派灵山的冰川脚下

跨入21世纪，我想在古稀之年分出一部分时间，分析研究一下中国古代玻璃的发展历史，借以了却我多年的夙愿，“20世纪我研究了玻璃的今生，21世纪要注释玻璃的前世”。

第14章 进入21世纪初的十年

从容淡定地跨入21世纪

20世纪末，在科研工作上我做了些准备，但在我的人生道路上会发生什么事情，我有些茫然。

我们的大家庭是在欢乐、祥和和自信的气氛中，跨入21世纪。我和邓佩珍克服了失去两个女孩的痛苦，欣慰现在有了三个男孩，他们都受到高等教育，并都学有所成。老大干效东在1986年从国防科技大学毕业后，已在航天部门的研究所担当主管业务的副所长和科技委主任；老二干效松在1986年复旦大学招收少年班（唯一的一次）时，从高二年级进入复旦大学物理系，而到1989年三年级时，又考入澳大利亚的雪梨大学（Sydney University），一年后直升攻读博士研究生，他获得光学博士学位时年仅24岁；老三干效宁1988年保送到华东师范大学计算机系，一年后也考入美国堪萨斯大学（Kansas University），后转入威斯康星大学（Wisconsin

University)，1992 年计算机科学毕业。1994 年到加拿大工作后，又业余读了一个 MBA。三个孩子在国内外都事业有成，孩子们都爱我们俩，我们也利用参加国际学术活动的机会，分别去澳大利亚、美国、加拿大等地看望他们。进入 21 世纪，他们都已成家，我们也有了长孙女，被评为上海市嘉定区社区“五好家庭”。

1998 年邓佩珍获“上海市十佳巾帼奖”

我自己满意离开行政领导工作和政治社会活动后的 15 年，潜心做我自己想做的事，有所建树。邓佩珍在激光晶体的研究开发方面作出贡献、多次获奖。她培养出博士研究生 10 余名。她获得了上海市“三八红旗手”、“十佳巾帼奖”等荣誉称号。由于我俩的大专业是一致的，这 15 年中我们两人一起出国参加国际学术会议、陪同我参加国际学术组织活动，访问了 20 多个国家。特别觉得高兴的是我们合著出版了《激光材料》专著一本。在功能材料这个领域中，国内外学术界都熟悉我们。中国科学院上海分院评我们为“模范佳侣”。这是进入 21 世纪时，回顾我们最近 15 年中科研生涯获得的欢乐。

刚进入 21 世纪，2001 年我和邓佩珍有一次很有意义的旅行。美国光学学会为推动与发展中国家的光学研究工作的交流，鼓励美国光学学会的

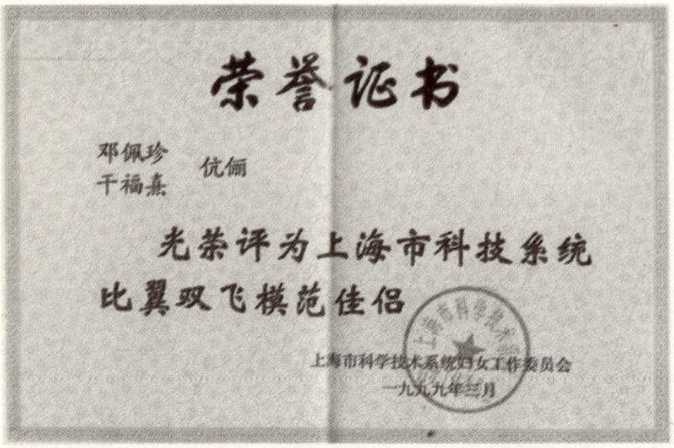
荣誉证书
邓佩珍
干福熹 伉俪
光荣评为上海市科技系统
比翼双飞模范佳侣
上海市科学技术系统妇女工作委员会
一九九九年三月

1999 年获模范佳侣荣誉

资深会员到这些国家去讲学。我选择了到埃及国家科学中心（National Research Center，NRC）去讲学，一方面这次是发展中国家之间的科学技术的交流，另一方面我们去访问和考察古老的埃及文化，为今后科技考古探路。我们在埃及开罗停留了 7 天，我和邓佩珍在埃及 NRC 作了 5 个有关激光材料和光信息存储方面的学术报告，也参观了埃及国家博物馆、吉萨金字塔等历史遗址。此后，我们还专程沿尼罗河考察了著名的卢克索古城和历史博物馆以及皇帝和王后谷（陵园）；阿斯旺古城和大坝等。

接着我们到苏格兰爱丁堡参加 19 届国际玻璃大会（International Congress on Glass），授予我终身成就奖（主席奖），我是亚洲以及发展中国家（当时称第三世界国家）中获得此奖的第一人。在会上我作为得奖者作了特约报告《玻璃的光学和光谱学性质的新进展》。因为 10 年前我出版了《玻璃的光学和光谱性质》（英文版）一书，1992 年由 Springer 出版社出版发行，此书在国际玻璃界颇有知名度。

2002 年 1 月是我 70 岁的生日（农历），我的孩子们都回来给我祝寿，我们全家照了全家福的照片，这是我们全家到得最齐的一次。光机所要给我开会庆祝，我讲，以往讲“人生七十古来稀”，现在应改成“人生七十不稀奇”，但 2002 年也是我参加科研工作 50 周年，恐怕做到这一点的人并不多，因此这次祝寿会成为庆祝我科研生涯 50 年和荣获“国际玻璃协会终身成就奖”的纪念会。在我讲话的开头，我讲我的一生中获得的成绩有我个人的努力，也有机遇，最根本的是“没有共产党，没有新中国，就没有今天的我”。2002 年 10 月在上海召开了由我发起的第一届国际光子学玻璃会议，了却了我从研究光学玻璃、光电子学玻璃到光子学玻璃的 50 年历程的心愿。会议期间中国硅酸盐协会邀请了我的国

2002 年 1 月全家福

2002 年庆贺 70 岁生日［左起：Arribart(西班牙)、李家治（中国)、作花济夫(日本)、邓佩珍、干福熹、Lucas(法国)、Schmide(德国)、刘慧民(美国)］

际同行和国外赶来的学生以及同行好友在上海静安寺小南国饭店晚宴，以示庆祝，邓佩珍也从医院请假出来参加。这几次的聚会中有各方送给我不少玉石雕塑和艺术玻璃，这是对我开始从事古玻璃和古玉器科学研究的鼓励。

退居二线

20世纪90年代末，我领头申请的“国家光盘及应用工程中心”已经评审，获得世界银行1千万美元的低息贷款，后经国家计委评审后，批准正式成立。当时我已向中科院提出不当领导，只当顾问。中科院上海光机所的高密度光存储实验室早已由侯立松研究员接手近10年，又正在移交给吴谊群教授（黑龙江大学，刚从我处出站的博士后研究生）。时值国家“九五”发展计划要结束，开始国家“十五”发展计划之际。在我从事的信息光电子学领域中，刚结束了国家重点攻关项目“5.25英寸实用化光盘基片研究开发”、中科院重大项目“新型高密度光盘存储材料和技术基础研究”以及国家自然科学基金重点项目和上海市科学技术发展基金“蓝绿光高密度光盘存储材料”，已开始了上海市重点科技发展项目“超高密度数字信息存储的物理基础和关键技术研究”。当时，中科院副院长白春礼主持规划“纳米计划”重大项目，他希望我参加并主持“纳米信息存储”方向的规划，已经院领导讨论要启动。这时我也向国家自然科学基金会提出建议，开展“光磁混合信息存储”的国家自然科学基金的重大项目。我想进入21世纪我可以退居二线，不再承担“首席科学家”、“项目负责人”等头衔，但我还会继续推动这些工作的顺利进行。

进入21世纪，我在中国科学院从事科研工作也快50年了，我想有一个较宽松的环境，如去大学工作。这时复旦大学王生洪校长和上海交通大学谢绳武校长都不约而同来请我加盟。因为社会上的议论，戏说复旦大学是富有小资情调的学校，上海交大是继承上海海派的学校，两所大学各有千秋。以我个人的经历来讲，进交大较合适，那是所理工科大学，以工学为主，重视开发研究；而复旦大学的学术氛围较浓些，科技教育环境比较宽松，我就认定进复旦大学。与校领导多次商谈，就用“加盟”复旦大学的名义，把原来是兼职教授的“兼职”两字去掉而已。到了复旦大学主要与他们的年轻教授们一起去组织承担重大科研工作和开展前沿科学和学科交叉的工作。正好 2002 年我们一起申请的“光磁混合信息存储”国家自然科学基金重大项目获得批准，我请复旦大学牵头，请当时光科系主任金清源教授当首席科学家。我把我加盟复旦大学一事和当时中科院路甬祥院长讲了。他讲：反正两个单位（上海光机所、复旦大学）都在上海，你这样做也行，不讲以哪里为主。当然我的编制还在中科院。

了却一生心愿，开展科技考古研究

我对科技考古兴趣的萌芽蕴藏很早，从对中国古代玻璃的起源开始。

1959 年秋我在苏联完成了三年的学习，博士论文答辩完后，有机会再次在苏联考察。1960 年 2 月回国前，拜访了白俄罗斯共和国明斯克大学的拜斯勃罗多夫教授，他是苏联著名的玻璃科学家，当时他已年逾六十，从事俄罗斯的古代玻璃研究多年。拜斯勃罗多夫教授见到我时便问，据讲中国古代玻璃是公元 3—4 世纪从西方传入的，中国发明瓷器很早，为什么不会制造玻璃。当时我对中国古代玻璃一无所知，无言回答。拜斯勃罗

《古代俄罗斯的玻璃器》(俄文)

多夫教授把他的两本关于俄罗斯古代玻璃器的书送给我，这是我第一次接触到古代玻璃的知识。他还介绍英国谢菲尔德大学著名的玻璃科学家特纳（W. E. S. Turner）教授，他也从事玻璃考古研究，已发表了系列文章。特纳教授认为中国古代玻璃从西方传入，起始于西汉通西域以后（公元 2—3 世纪）。带着深深的疑惑，1960 年初我回国后，在北京参观了中国历史博物馆，看到了陈列出的战国时代一粒不透明的蓝色珠子，称“琉璃”，我想如果是玻璃，那么中国古代玻璃的产生就更早了，豁然引起我对中国古代玻璃研究的兴趣。

1963 年底，为了要了解 1960 年诞生的激光技术的发展，去英国考察。我趁此机会去了英国谢菲尔特大学，想拜访特纳教授，因为他也是王大珩先生 1940 年代在英国做博士生时的导师，可惜此时特纳教授已过世。玻璃系系主任道格拉斯（Douglas）教授向我介绍了该校当时设有世界上唯一的玻璃科学系以及特纳教授从事世界古代玻璃史的研究工作，并复制了特纳教授生前在英国玻璃学会期刊上发表的系列古玻璃研究文章送我。特纳教授认为中国的古代玻璃及制造技术是在公元 4—5 世纪从西方传入的。这更促使我萌发出想把中国古代玻璃的起源搞得更清楚一些的情结。

我从 1964 年开始多次访问英国，有机会去会见当时英中友好学会会长、著名的“中国科学技术史”研究者李约瑟教授，他向我介绍了他撰写的《中国科学技术史》系列著作中介绍中国古代光学和古代玻璃的内容。

这促使我在1984年主持召开的“北京国际玻璃学术讨论会”和1995年“国际玻璃大会”中专门设立“玻璃考古”分会场，为中外从事古代玻璃研究的爱好者创造了能够相聚和交流的平台，我们也编辑出版了中、外文的论文集，扩大对中国古代玻璃科技研究的影响。

1979年与刘翔声、张存浩、刘颂豪、杨国桢、沙国河等组成中国科学院代表团拜访英国李约瑟教授（右3），左3为夫人鲁桂珍

20世纪80—90年代，我还忙于现代玻璃和高技术玻璃的研究，无暇顾及专门研究古玻璃，我只能讲是古玻璃研究的业余爱好者和热心人。我动员了中国建材研究院理化分析室的史美光研究员，从事一些中国古玻璃样品的化学成分的测定，知道中国从战国至西汉时期的确盛行有中国特色的铅钡硅酸盐玻璃。忙里偷闲趁业余时间我查看了一些我国文物考古所的出土文物报告和博

1984年北京，与国际科技考古专家R. Brill（左1）和Yamazaki教授（右1）合影

《中国古代玻璃技术发展》(2005 年)

物馆的收藏，受益匪浅，积累了一些中国古代玻璃的资料。

跨入 21 世纪，我想在古稀之年分出一部分时间，分析研究一下中国古代玻璃的发展历史，借以了却我多年的夙愿，“20 世纪我研究了玻璃的今生，21 世纪要注释玻璃的前世”。是复旦大学给我创造了一个良好的从事科技考古研究的场所。因为复旦大学有很强的文、理学科，我和现代物理研究所承焕生教授合作开始了用质子激发的 X－射线发光（Proton-excited X-ray emission，PIXE）方法做整体古代玻璃器和古代玉器无损分析化学成分，拓展了科学研究古代文物新途径。我们并在化学系做 X 射线衍射，研究整体文物的矿物相的无损分析，在学校的测试中心用拉曼光谱仪做文物样品的无损结构分析，这样就建立起研究古代玻璃器、玉器和其他硅酸盐质整件文物的无损分析平台，我们可以测试整体的文物，至今已经完成了千余件古代玻璃器和古玉器的样品。

2002 年中，我的科研伴侣——邓佩珍生病，“老伴，老伴，老了要相伴”，我决定放下多年紧张的科研工作来陪伴她。从下半年开始，两年时间中，我有机会在家整理和查阅国内外有关中国古代玻璃的研究资料。同时在复旦大学用质子激发的 X－射线荧光法分析新疆地区出土的古代玻璃，并着手编写《中国古代玻璃技术的发展》一书。该书于 2005 年由上海科学技术出版社正式出版。

为了研究整件文物样品，我必须加强与文物考古部门和博物馆的联系和交流。为此我主持召开了“中国南方地区古代玻璃研讨会”（2002 年 11 月，广西南宁）、“中国北方古玻璃研讨会”（2004 年 8—9 月，新疆乌鲁木齐）、2005 年以“丝绸之路上的古代玻璃”为主题的国际玻璃考古研讨会（2005 年 4 月，上海）。每次会议都有不少文物考古界和自然科学界的朋友们参加，大家交流了对中国古代玻璃的看法和现状后，都积极地收集和分析整体古玻璃样品，进行了合作研究。

在 21 世纪前 10 年我们曾访问和考察了河南、安徽、江苏、浙江、新疆、湖北、广东、内蒙古等地的文物考古单位和博物馆。看到了不少珍贵文物，也学习了不少文物和考古知识，并与相关单位签订协议，合作

2004 年 9 月在新疆乌鲁木齐召开的北方古玻璃研讨会全体代表合影

参加 2005 年国际玻璃考古学术讨论会的全体代表

研究。

中国在中原地区发掘出来的早期古代玻璃器是以铅钡硅酸盐成分为主，大都是半透明或不透明的，其中礼器样品中以璧为主，明显地表明，古玻璃器是以仿玉器的形式出现。2002 年以后，我们测定了不少从文博部门送来的战国时期整件古玻璃器，有个别经分辨是玉器。由此引起我对中国古代玉器的注重，觉得产生于 8000 多年前新石器时代的玉器和玉文化的确是中华文明的瑰宝，古代玉器的产生与中华文明的起源密切相关。2004 年以后，我在围绕科技考古进行考察时，注意到古玉器文物出土的状况和科学研究的结果。专门访问了浙江省余杭良渚文化遗址、河南省二里头夏墟和安阳殷墟等遗址和内蒙古自治区赤峰兴隆洼红山文化后，觉得我国有这么悠久的历史和完整的古玉器文物，以往对古玉器的鉴赏和玉文化研究较多，而对它们的质地和溯源的科学研究很少。我们在与各地文物考古单位联系，做古玻璃的测试分析研究的同时，也开始穿插了用无损分析的方法测试了一批古代玉器的整器样品。我真是凭个人兴趣做事，浑然不知这个古玉器渊源的池水深浅。

2006 年我生病住院前后 7 个月，在华东医院治疗期间，我才有时间看了不少中国古玉器的文献资料。觉得目前对我国古代玉器的鉴赏兴趣已十分广泛，甚至今日还是古玩和文物的热点，社会上也已出版了大量有关古代玉器的玉文化研究和鉴定的书籍。但是，人们对玉器鉴定的方法还是以传统的眼学和手感为主，主要对玉器的形制、纹饰、铭文、艺术和文化内涵方面注意得较多，并以经验相传。近几十年来，我国地质学界进入中国玉石和古玉器的研究，所谓“地质考古”兴起。但它是以有损分析为主，即检测的主要为玉片，或从玉器上用金刚刀刮下一些粉末作物相和结构测定。中国古代的玉器是国家的文物，是不可再生的资源，它的唯一性和不可复制性决定了对它们的科技考古只能用无损分析的方法。当然还要对各种玉石进行用无损和有损方法测试的对比，建立详细的玉石数据库，才能由无损分析方法检测玉器的玉料品质和来源，从而获得玉器的质地和溯源的信息资源。在以后的五年中，我们进行比较多的是对出土的中国古代玉器的研究。

老伴邓佩珍第一次病倒

我很满意在 21 世纪开始之际，能有一个新的转变。但是我的老伴邓佩珍跨进 21 世纪就有科研工作与生活之间的问题。这时她已 65 岁了，应该退休。但是在 2 年前她又接了一个国家攻关项目“大尺寸白宝石单晶的生长研究”。邓佩珍长期以来处于紧张的科研工作状态，她荣获不少奖励和荣誉，但年龄已大了，我和我的孩子们都不赞成她去接这项科研任务。但是领导却明确指定要邓佩珍负责，由于经费大，项目重要，研究所和研究室领导都要她去接受这项任务，上海光机所以特聘方式在她退休后仍由她负责。2002 年初，我 69 岁生日之际，在国外的儿子全家都回来，我们一起出去玩，在苏州灵岩山顶上灵岩寺茶室召开“家庭会议”，孩子们一致希望他们的妈妈该退下来了。邓佩珍全心关注于工作，即使是休息日也都在嘉定的所实验室里，继续白天黑夜地工作，兢兢业业怕完成不好任务。但年龄不饶人，她经常发愁，睡眠不好。我们想了不少办法想把她解脱出实验室。为此，我在上海市中心买了房子，希望我俩住在市内，使她能脱开一点工作。2002 年夏天，我们要去欧洲参加两个国际学术会议，然后去加拿大小儿子家度暑假，目的也是要她离开工作一段时间。奈何多事之秋的命运，首站到德国耶拿参加国际玻璃学术会议时她感到半身不适，有中风预兆，我急忙安排换机票回国。次日（我们返程的前一天），会议节目委员会还要求我代邓佩珍宣读我们的特邀报告《用时间分辨和高分辨率的格位光谱研究玻璃和晶体中镱离子（Yb3 +）的弛豫过程》。会议讨论中高度评价这是国际上首次用激光光谱技术证实和解释了掺镱激光材料的弱浓度效应，可成为有前途的高功率激光材料。这是我们一生科研生涯中最后一次的合作。

邓佩珍病倒了，但回国后经医院治疗两周，她的脑血栓病治愈了，大家都感到欣慰，可她却仍处于担忧状态，认为病治不好，怕病情会反复，发愁科研任务完不成。我不理解为什么她这样，医生告诉我，这叫“抑郁症”，老年人中风后常有这种现象，要我们转院治疗。可怜我对医学的无知，认为回家作休养吃药就可以了，这样使她的病日益严重，她只想到她的病好不了，“不能工作就是废人”，走了算了。2002 年秋末才住进了上海市精神卫生中心治疗。采用电疗法，使她忘却记忆，包括她最发愁的事——科研项目。

2006 年 6 月，考察洛阳龙门石窟遗址

2003 年初邓佩珍出院，是她开始进入漫长疾病治疗恢复期的五年，也是我与她相依相伴的最后五年。

医生劝导邓佩珍去学习绘画、书法、唱歌、弹琴，这些她在年轻时很擅长的。但现在却变得毫无兴趣，只得参加一些她熟悉的事——科研活动，为了提高她的治病自信心，但再也不能卷入科研项目了。那几年，我引导她帮我做些她力所能及的学术工作，应中科院长春应用化学所的邀请，编写《稀土化合物在光学材料和激光材料中的应用》。我们一起参加国内外的学术会议；2003 年 10 月与我一起参加在日本名古屋召开的环太平洋陶瓷学会联席会议；2004 年 5 月我应香港中文大学邀请，作为杨振宁讲座教授一起访问物理系和电子工程系；与我一起访问考察国内各地的文物考古单位和历史遗址。我要陪伴她，分散她的注意力，进入一个轻松的环境，使她不再去接触她的专业工作。参加科技考古活动是陶冶她的心情最好的方法，到 2005 年，她确实从“忧郁症”中解脱出来，并能帮我做

《丝绸之路上的古代玻璃研究》(2007 年)

些照片和文字的电脑编辑工作。

2005 年夏天我们俩参加一次有意义的国际活动。应威尔士（Wales）Nimbus 和 Celtec 光盘公司邀请，再次访问了在威尔士南部 Nimbus 的光盘母盘制作中心，这个公司的中心位于威尔士的森林中，旁边是养鹿场，中心内有音乐厅，录制音乐节目和演出。公司老板 Philip Miss 本人就是小提琴家，出版他的音乐作品光盘。和 Celtec 商量了有实质性的合作，他们送给我一件煤精（也称煤玉，Jet）雕刻成的飞龙（威尔士的国徽象征）。我们访问了英国大英博物馆，我已经去过多次，这次我访问了大英博物馆的亚洲部，赠送了刚出版的我编著的《中国古代玻璃技术发展》一书，因为在书中引用了该馆馆藏的古代玻璃器的照片。接着受丹麦 Alborg 大学邀请访问了材料和化学系，由岳远征教授陪同访问了产琥珀（Amber，丹麦国石）的丹麦东南边海岸和哥本哈根，我买了一块琥珀原石以作纪念。接着飞到加拿大多伦多，我们再次访问了加拿大皇家安大略博物馆，专门与该馆资深馆员加籍华人沈辰讨论了较多的古代中国玻璃和玉器的事，因为该馆保存了最多的中国战国古代玻璃器，是该馆创始人之一怀德（Wright）在中国河南当主教时获得的出土于洛阳金村古墓内文物。我们又度过了一段短促和愉快的科研时光。

2006 年初我生病住院了，邓佩珍很自信地能独立一个人生活，还来医院看护我，我很高兴她的病已快痊愈。我在医院住院 7 个月，在这期间，我完成了《丝绸之路上的古代玻璃研究》一书的编著工作，使这本书

2006 年 11 月与松松全家在上海

能在 2007 年 6 月由复旦大学出版社出版；同时我也审核完成了《光子学玻璃》（*Photonic Glasses*）英文版一书，使该书能在 2006 年年底由世界科学出版社正式出版。对我讲，是总结了光学玻璃、激光玻璃到光子学玻璃三个阶段的科研历程。为此，华东医院病房成为我除了中科院上海光机所和复旦大学外，第三个写作办公场所。

使邓佩珍能较快地恢复，还有一个重要原因，就是我们的大家庭健康、和谐地发展了，特别感到愉快的是我们孙子辈传承和成长了。大孙女干璐已长大，念中学了，常到华东医院看望我；干效松家生了两个孩子干逸陶（2002 年 10 月出生）和干逸亭（2005 年 8 月出生），2006 年来上海见我们；干效宁家也有了女孩，可爱的孙女干馨（2004 年 12 月出生）。

2005 年 7 月 30 日邓佩珍生日与孙女干馨(Sarah)合影

生命中的地震

2006 年我得病入住华东医院 7 个月，我对邓佩珍的照管少了，她又逐渐进入了业务工作。在国家“十五”计划结束时，年末当她知道她承担下来的重点课题项目没有能完成，这几年的科研成就很多是虚假的，她心急如焚。研究所领导又希望她能出来恢复工作。当她回到所内后了解科研工作的实际情况就更加揪心了。我劝她：“你已离开岗位好几年了，不必再操心，我们就这样平静地生活吧！”规劝无用，在医院里和我激烈争辩。我觉得她表现有异状，就请上海市精神卫生中心（她 2002 年住院治疗）的主任医生出来一起吃饭，他看到邓佩珍亢奋的精神状态，认为是抑郁症的另一种表现，要换药治疗。2006 年年底，邓佩珍还继续编写这几年工作调查报告，我劝她停止工作，但无用，情绪低落。又认为“不能工作，就是废物”，为减轻我的负担，她想离我而去。医生警告，赶快住院，以免发生意外，2007 年 4 月邓佩珍再次住进上海市精神卫生中心进行治疗。到 5 月份，我和她分别住院，我进华东医院，但晚上我经常去精神卫生中心看望她。我们的大儿媳洪媛请假陪她住院半个月，以后请了护工照料。由于邓佩珍已过 70 岁，医生怕用电疗法不安全，采用吃药治疗，两个月后，病情有所好转。为了使邓佩珍出院有好的恢复环境，我想与她一起去加拿大度暑假，因为邓佩珍十分喜欢她的小孙女干馨（Sarah）。7 月末，我俩办好签证准备出发。老二干效松参加澳大利亚青年科学家代表团来华，我们临走前一周，他赶到上海，陪他妈妈。效松认为妈妈病情不稳定，不太赞成远行。7 月 29 日临走前（生日的前一天）我们给邓佩珍过了 72 岁的生日，第二天飞往加拿大多伦多。到了小儿干效宁家，正好 7

月 30 日，小儿又给妈妈做了一次生日庆祝。在加拿大效宁一家三人陪我们去外地旅行，到山地疗养。邓佩珍见到小孙女 Sarah 就开心，但始终未能玩起来，见到高楼和高山她就想到要“走”。我害怕在国外出事，就提前半个月于 9 月 12 日返回上海。回家后，我准备过一天我俩分别去医院检查，但邓佩珍不愿去。看到儿孙辈都很好，她倒心里平静了，为了减轻我的负担，隔日就用突然方式别我而去。

这时我才意识到，2007 年是丁亥年，是她的本命年（猪年），年初我哥哥干福泰也在他的本命年（84 岁）走了，我无法释然这是否是命运的忌讳？我一片茫然，无所适从。孩子们日夜陪伴我，夜间靠多片安眠药度过。隔年四川汶川大地震，我体会到突然失去亲人，就如生命中的一次大地震。正是：“生死离别两茫茫，泪汪汪，不思量，自难忘，无处话凄凉。”

9 月 19 日在上海西宝兴路殡仪馆举行邓佩珍的追悼会，亲友们来了，多年的老同事和老领导来了，她培养过的研究生们来了，还有毕业后已出国的学生穿着庄严的服装赶来了……有 300 多人来与邓佩珍告别。一副挽联给她的一生作了评价：“勤奋忘我无愧科技巾帼，淡泊名利堪称学术楷模”。送走了邓佩珍后，大家都不放心我，又把我送进华东医院。

我住在华东医院两个多月，虽然孩子们天天有电话安慰我，朋友们经常来探望、劝解我。但是我无法走出悲伤的圈子，离不开她走的阴影，正是：“不想，不想，就想这个不想；奈何，奈何，就是无可奈何。”我努力调整我的心态，想自己会坚强起来。我终于想到两件事要做：一件是我要整理邓佩珍的影集，给孩子们和亲朋好友作纪念；二是要设计建造好我俩的墓地。出院后，翌年元旦和春节，我分别在大儿子干效东在湖州的家和二儿子在澳大利亚墨尔本的家度过。

2008 年我编好了邓佩珍的影集：“这本影集是你成家立业的记录，也是我们的情随岁月传递的见证。看到这本影集，就是我对你的不舍的守望。”

我设计好了墓地，这是我们的爱在这块土地的归宿。墓碑上只刻上我们俩的姓名，没有头衔和墓志铭；在我们的青铜像的基座上镶嵌着我们的合著《激光材料》一书的瓷板，我一生与玻璃为伴，邓佩珍致力于激光晶体，孩子们给我们刻上“玻璃般清澈的心灵，宝石般闪耀的人生”一段话作为纪念。2008 年 12 月 31 日的最后一天，我们的三个儿子（效东、效松、效宁）及儿媳（洪媛、李欣晔）、三个孙儿、女（干璐、干逸陶、干逸亭）及亲友、同事、学生近 70 人前来参加下葬和祭奠。

我心里默默地为她祈祷：下葬是送别，我们唯有祝福，希望你走上天堂路，跨上彩虹桥。下葬是纪念，我们唯有传承，像你一样温柔、坚毅，以人格魅力感染人。大家来参加下葬仪式，是为你哀悼，给逝者尊重；是为我抚慰，给生者振作。大家望着设计得十分庄重简朴的墓地，告慰邓佩珍在此安息，使我心中得到些许安慰。

墓穴全景

古陶瓷是我国文物中的重器，历史悠久。中国还是发明瓷器的国家，至今，古陶瓷还是收藏和拍卖的主要文物。保护它的价值也是很重要的，识别真伪是重要的一个方面。这次沙龙还是本着“百花齐放，百家争鸣”的精神，围绕中国古代陶瓷的认知和鉴定，能使大家互相能够认识，互相了解，交换看法。

第15章 继续走上科研征途

复苏和振作

邓佩珍去世后，我痛不欲生，觉得不久我会追随她进入我亲自设计和建造的共同墓穴中去……“在人生途中，生者还须振作。”多次的思索，工作是我唯一能解脱心中的凄凉的方式。从 2008 年开始，我把自己的主要精力放在《丝绸之路上的古代玻璃研究》这本英文版书的编写上。这本书主要是选用 2003 年出版的南方古代玻璃学术研讨会的论文集和 2005 年出版的北方古代玻璃学术研讨会论文集的一些文章改写成英文以及 2005 年国际玻璃考古学术研讨会上的英文文章。我自己为此书写了 100 多页的章、节内容。编写过程中，找资料、写文章，在家里和医院我都忙个不停，也使我忘记了一些悲痛，解除了一些孤独。美国康宁玻璃博物馆的老馆长勃利尔博士，很感兴趣这个专题，我请他当副主编，编审近两届国际玻璃大会玻璃考古分会中一些相关文章。这本书近 500 页，编辑和校对也是一件繁重的工作，我邀请老友田守云作为副主编来协助帮忙。历经两年工夫，这本书在2009年底由世界科学出版社出版发行，在国际上颇有影响。这也增加了我的信心，振作起来，还能继续走上科研旅程。

《丝绸之路上的古代玻璃研究》(英文版)

我周围的朋友和同事们都关心我的生活，在邓佩珍离开我后的几年中给予我不少生活上的照顾。但他（她）们认为我一个人生活下去是不行的，要我找伴侣，并多次介绍。我自己觉得在我身体健康还允许的情况下，特别对于科技考古还有浓厚的兴趣，我要外出考察，这需要有亲人陪伴。经过近两年时间相互了解，生活上相处和磨合，我找到了生活中的新伴侣颜宝新女士，她温暖了我的身心，照顾了我的生活，帮助了我的工作，使我更有信心在科研旅途中发挥余热。这两年我们多次外出考察，2010年我们在嘉定两岸咖啡馆度过了“平安夜”，2011年2月我在华东医院住院检查调理期间，我们在对面的意大利饭店和年轻人一起感受了“情人节”的气氛。2011年6月是她60岁（虚岁）生日，我为她在上海王朝酒店庆祝生日并宣告我们正式喜结连理。

时间过得真快，五年又要过去了，我已进入耄耋之年。同事与朋友们要给我做80虚岁生日，我希望只在小范围进行。我的出生日是农历壬申年十二月初三，公历2011年12月29日是我80虚岁生日。我所在单位上海光机所高密度信息存储中心、科技考古中心的同事们在嘉定君芝莱酒店给我做寿，送给我鲜花、蛋糕和岫玉雕塑。2012年初，孩子们全都从国内、外赶回来，身边儿孙满堂，心中无比欢悦，我们一起吃了团圆饭。他们都鼓励我，振作精神，继续走好科研旅程。

庆祝颜宝新生日，并宣告我们正式喜结连理

2011 年我们全家团聚

推动自然科学和人文科学交叉和融合

开展自然科学和人文科学交叉和融合的沙龙活动

近十年来的科技考古工作，使我越来越感到，自然科学和人文科学在学科上要交叉和融合，在工作上要合作和配合，在思想习惯上要交流和互学。

首先，我请中国科学院上海交叉学科中心主办"自然科学和人文科学的交叉和融合"系列座谈会，由中科院上海光机所（科技考古中心）承办，即围绕一个主题相互认识，畅所欲言，会上不作结论，不写总结。

第一次会议的主题为"科技和考古"，于2009年10月19—20日举行。我作了主题发言。会上作报告的还有陈淳教授（复旦大学）：《考古学研究与科技手段的应用》、袁靖研究员（中国社科院考古所）：《科技考古的新思考》、芮传明研究员（中国社科院历史所）：《丝绸之路与古代对外交流的几个问题》、王昌燧教授（中科院研究生院）：《近年来科技考古的成果与问题》、金正耀研究员（中国科技大学）：《科技考古的困境与进步》、陈克伦研究员（上海博物馆）：《古陶瓷研究与现代科技》、梅建军教授（北京科技大学）：《关于汉代中国铜镜西传问题的一些思考》、吕功煊研究员（中科院兰州化物所）：《敦煌壁画盐害的物化特征》、苏伯民研究员（敦煌研究院）：《多光谱无损分析技术在敦煌壁画中的应用》、罗宏杰研究员（中科院上海硅酸盐所）：《文化遗产保护，多学科开展结合研究》、承焕生教授（复旦大学）：《国家文物拍卖要有科学监控》。

自由讨论时，中科院自然科学史研究所廖育群研究员、上海博物馆的熊樱菲副研究员、《文物保护与考古科学》刊物的钱俊龙副编审、上海硅酸盐研究所李伟东博士等，就陶瓷中的钴蓝研究、古陶瓷鉴定中存在的问题、科技考古中的无损伤分析技术、硅酸盐质文物的保护、自然科学与社会科学的交叉和融合途径等问题进行了广泛讨论。与会代表认为：科技与考古有效结合可以提高我国古代科技史的整体研究水平和文物保护科学水平，发扬和传承我国古代优秀的文化传统，多沟通、多交流，寻找有意义的课题展开多学科的合作。讨论中大家还谈到“科技考古遭到瓶颈，文理复合人才稀缺”，《文汇报》记者许琦敏在次日《文汇报》就此进行了报道①。

第二次自然科学和人文科学交叉和融合研讨会以“古代陶瓷鉴定现状和发展战略”为主题于 2011 年 3 月 24 日在上海交叉学科研究中心举行。我在会议的主题发言中指出：“古陶瓷是我国文物中的重器，历史悠久。中国还是发明瓷器的国家，至今，古陶瓷还是收藏和拍卖的主要文物。保护它的价值也是很重要的，识别真伪是重要的一个方面。这次沙龙还是本着‘百花齐放，百家争鸣’的精神，围绕中国古代陶瓷的认知和鉴定，能使大家互相能够认识，互相了解，交换看法。”为此我特别邀请了我国古陶瓷文物鉴定界的四位知名大师专家参加，他们是：故宫博物院耿宝昌、南京博物馆张浦生、景德镇文物考古所刘新元、上海博物馆陈克伦。在会上他们各自介绍了自己对古代陶瓷文物的鉴定和现状的看法，都认为赝品的制造技术在不断提高之际，自然科学技术的介入和配合是十分必要的。我还请了热心中国古陶瓷文物研究的中科院上海硅酸盐所陶瓷专家郭景坤院士和技术物理所光学专家薛永祺院士发表对古陶瓷分析技术方面的看

① 《科技考古遭到瓶颈，文理复合人才稀缺》，许琦敏，文汇报，2009 年 10 月 21 日，7 版。

2011 年，古陶瓷科技鉴定现状及发展战略沙龙

法。目前在从事古陶瓷材料学研究和科学测试技术方面的罗宏杰、李伟东（中科院上海硅酸盐所）、冯松林（中科院高能所）、李国霞（郑州大学）、王昌燧（中科院研究生院）、吴隽（景德镇陶瓷学院）、承焕生（复旦大学）、鲁东明、周少华（浙江大学）、王维达、夏君定（上海博物馆）等均在讨论中发言。

对这次会议各方都很重视，国家文物局科技司罗静副司长、中科院上海交叉学科主任张旭、中科院上海光机所所长李儒新等前来参加。

会后（3 月 28 日）《新闻晚报》记者俞陶然以：《避免“看走眼”，用高技术对瓷器做“指纹”识别》为题作了报道①；3 月 31 日湖北新闻网

①《避免“看走眼”，用高科技对瓷器做“指纹”识别》，俞陶然，新闻晚报，2011 年 3 月 28 日，A－1 版。

记者曹旭峰以《“传统”“眼学”与科技联姻，破解古陶瓷鉴定难题》作会议介绍。

第三次会议主题为“我国物质文化遗产的数字化研究”（2012 年 5 月），有 50 多人参加会议，包括国家文物局的局、司领导和全国主要博物馆与文物考古所的领导，以及全国从事数字化应用研究的大学和研究所教授。两天会议围绕不可移动物质文化遗产和遗址的成像与显示，以及可移动物质文化遗产（包括金属、无机非金属和有机物质文物）的精密三维、真色数字化测量和原位无损分析，建立数字化的记录、显示、存储和数字化博物馆。

加强中国文物保护科技工作

从 2005 年开始，我与我国的文物考古和博物馆界开始有较多联系，我是作为一名自然科学工作者，有兴趣于中国古代文物，是爱好者，但仍然是外行。2005 年 5 月中国文物研究所（现中国文化遗产研究院）成立 70 周年之际，主办了文化遗产保护科技发展国际研讨会，邀请我参加并作特约报告，我只能班门弄斧外行学讲内行话，作了一个《硅酸盐质文物——先秦中外文化和技术交流的见证》① 的报告，提出了一点新的看法，科技考证的材料不多。但这个会议上结识了不少我国文物、考古、博物馆界知名人士。

2006 年我参加了国家计划“文明探源”三期的规划讨论，我提出两点看法：自然科学和人文科学交叉和融合，文物考古工作者要和自然科学工作者合作共事；另一点为中国的文物和考古工作不能自我封闭，我们的认识和科研成果要放到世界这一大环境中去交流和对比。我也更多地结识

①干福熹，硅酸盐文物——先秦中、外文化和技术交流的见证，见：中国文化遗产研究院编，文化遗产保护科技发展国际研讨会论文集，科学出版社，2007，19～34 页。

了中国文物考古界的人士。

2010年初国家文物局宋新潮副局长和文物局科技司罗静副司长与我谈，希望国家文物局和中国科学院联合，共同开展国家文物保护的科学研究。我赞成这种联合，所以2010年5月我写信给中科院路甬祥院长，他支持这种战略合作。路院长把我的信批转给院内主要的相关局（战略规划局、高技术局、基础研究局等）领导。2010年6月在中科院召开院士大会之际，我与两单位有关领导——中科院潘晓峰副秘书长和战略规划局领导以及国家文物局宋新潮副局长和科技司领导一起商讨两单位合作事宜，一致同意着手组织这种紧密的战略合作。

2010年7月由国家文物局和中国科学院联合在北京召开了"文化遗产保护科学技术发展研讨会"，国家文物局和中国科学院各有20~30个有关单位人员参加，可以讲是一次中国自然科学界和文物界融合的盛会。开幕式上我作了一个专题报告：《加强古代金属和硅酸盐质文物科技鉴定和保护基础研究》。在这个会议以及以后其他场合，我一贯提出文物的保护有两个方面：物质的属性，这是大家都看得到的，文物被损坏了，大家心痛；另一方面是文物的非物质的属性保护，即它们价值的保护，即文化和艺术的，科学的以及经济的价值。特别在当前文物真假难分，科学的鉴定是十分重要的，在我的主题报告上突出了这一点。

2012年5月中国科学院与国家文物局在北京举行隆重的签字仪式，正式签订了战略合作协议。我受邀参加，作为见证。我感到欣慰，就是为这两大中央机关的战略合作作了微薄的贡献。

文物保护科技创新体系建设调研

在中国科学院和国家文物局初步形成战略合作的认识基础上，国家文物局积极邀约我参加国家文物局主持的我国文物遗产保护科学和技术发展

“十二五”计划。国家文物局科技司给我送来了厚厚的一本由文物出版社刚出版的“十一五”文物遗产保护领域国家科技支撑计划重点项目论文集——《文化遗产保护关键技术研究》，使我了解目前我国文物保护技术的进展和现状。

2010 年 10 月，有 10 多天的时间又组织了“文物保护科技创新体系建设”的调研，我们参加了调研的全过程。

中国文物信息网 2010 年 11 月 15 日报道我们去甘肃调研文物保护工作信息：调研组由中科院薛永祺院士，中科院上海高等研究院姜标，中科院规划战略局研究室主任陶宗宝，中科院院士工作局咨询处处长王澍，国家文物局博物馆与社会文物局（科技司）副司长罗静及我等 8 人组成。甘肃省文物局副局长廖北远、敦煌研究院院长樊锦诗等陪同调研，甘肃省博物馆、甘肃省文物考古研究所、兰州大学、浙江大学、中铁西北科学研究院等单位负责同志参加了调研活动。调研组先后考察了莫高窟壁画修复保护、洞窟文物数字化等工作现场和国家古代壁画保护工程技术研究中心，敦煌研究院保护所、信息中心的科研设施。调研组在敦煌研究院召开座谈会，廖北远汇报了“十一五”期间甘肃省文物保护科技工作，敦煌研究院、甘肃省博物馆、甘肃省文物考古研究所、兰州大学、浙江大学、中铁西北科学研究院等单位结合各自的工作实际，就文物保护科技工作中存在的问题、技术需求和意见建议等作了发言。两位院士分别从各自的研究领域对甘肃省文物保护科技工作提出了意见和建议。他们强调，做好文物保护科技工作必须坚持自然科学和社会科学相结合，加快高层次人才培养，并表示运用自己的科研成果积极支持文物保护工作。甘肃省文物科研工作起步较早，以敦煌研究院为龙头的甘肃文物科研力量，在石窟寺和土遗址保护、壁画和塑像修复、馆藏文物修复保护等领域取得了突出成绩，形成了明显优势。参观敦煌莫高窟，登临莫高窟崖顶，观察治理沙漠，我用“震撼”两字来形容。莫高窟经历了千年的历史沧桑，但在观赏中，无时不在感受壁画在源远流长的历史长河中，积淀着深厚的辉煌文化，那是文明交汇与艺术创作的完美结合，让人们真实地欣赏到其精华，感染艺术的精髓，心灵上时时会激起阵阵圣洁的沉淀和熏陶。同时对长期生活在敦煌的守护者们无比的敬佩，他们为延续敦煌悠久的历史，弘扬我国优秀的传统文化，长期献身于保护石窟而无怨无悔。在敦煌研究院内我和樊锦诗院长在一座名为“青春”的女孩塑像面前合影。颈上围了毛巾，一手拿着草帽，一边背着书包，意气风发，那就是半个世纪前走进敦煌的樊锦诗。

敦煌研究院青春塑像前与樊锦诗院长合影

2010 年 10 月 13 日—16 日调研组又访问湖北省的文物保护单位。首先由荆州市博物馆馆长王明钦陪同参观了荆州熊家冢楚墓遗址，熊家冢遗址发掘面积已达 3 万多平方米。文物部门为保护挖掘遗址，在遗址挖掘现场搭建好一个建筑面积达 5400 平方米、长 149 米、宽 36 米、造价约 200 万元的钢架结构保护顶棚，用于保护车马坑。其中，最大车马坑长 131. 1 米，是我国迄今发现的战国时期最长的、具有特大型 6 匹马拉车的车马坑。

同时还发现呈“一”字形排列的 30 多座小型车马坑。在考古工地现场，发掘了 4 座陪葬坑，出土了玉器、水晶、玛瑙等精美文物共 1000 余件。此外还有少量青铜器、陶器。市政府准备在熊家冢遗址上建造一座遗址博物馆，陈列发掘出来的文物，周围是遗址公园。

接着又参观考察了荆州文保中心，由荆州市文物保护中心吴顺清主任介绍对文物保护的工作和措施。在现场我们见到了文保中心在保护文物中所做的各项工作，具体是对出土的丝绸织品和漆器的清洗、加固、修复整理的一系列保护和修复工作。在文物保护上，他们研制了一套独特的技术实施专业设备，申请了实用新型专利，并将此成熟的技术在国内推广。此后，又参观了荆州博物馆，见到了熊家冢遗址出土的大量玉器已在新建展览厅展出。有玉琮、玉佩、玉璧、玉璜等，量大品美，实属罕见。尤其是直径大约 30 cm 的玉佩，精美无比，但无法确认玉料出产于何处，讲解员只能猜测是河南安阳的玉（因为安阳离荆州较近，但无考证依据）。接着在馆长王明钦的陪同下，观看了库房内的珍藏品。王明钦馆长拿出了一只锦缎方盒，内藏直径约 15 cm、绿色、透明的玻璃圆环器给我看，那是熊家冢遗址出土的玻璃制品。我戴上手套亲自掂摸了此玻璃器，感觉不重。其他还有半圆形的玻璃佩等，刻有花纹。我希望有机会进行合作研究，测试其成分和物相。

曾侯乙墓出土的编钟

参观考察了省博物馆以及文物保护研究中心。博物馆藏品 26000 余件，珍品1500余件，镇馆之宝——国家一级文物三大件——曾侯乙墓编钟、越王勾践自用宝剑、元青花四爱图梅瓶。围绕着越王勾践自用剑的剑格上镶嵌2颗蓝色玻璃的来源，近几年我们做了相当多的考证工作。在文物保护中心主要观看了出土文物和博物馆对出土文物所做的保护工作。在拯救恢复文物的原状和修复中，博物馆有着较强的技术设备，同时也有了相当强的科技合作力量，并取得了一定的科技成果奖项。

接着召开调研会议。湖北省方面参加调研会的有省文化厅厅长杜建国、省文物局局长沈海宁、省文物局副局长黎朝斌、省博物馆及考古所馆所长包东波、荆州市文物局局长阎频、荆州市文物保护中心主任吴顺清、省博物馆文物保护中心主任周松等；参加座谈会的专家来自湖北省博物馆、武汉大学、中科院武汉岩土力学研究所、湖北轻工研究院、中国地质大学（武汉）、华中科技大学环境学院等。会议由沈海宁局长主持，会议上各基层单位汇报工作情况。会议一致认为文物保护工作是当务之急，一定要组织好多学科力量参与，增强文物保护的投入，建议大遗址要建立国家遗址博物馆和国家遗址公园等。我强调了文物科学研究的重要性，对文物没有深刻的科学认知，就不可能制定正确的保护方案，提出要边发掘、边研究、边保护等建议，要积极将先进的科技成果推广和应用。

在最近两三年中，我和科技考古中心的同事们考察了吉林集安“高句丽遗址”，赴广东考察了阳江“南海1号”和汕头“南澳1号”沉船，赴内蒙古赤峰考察了红山文化遗址等。

2010年底在北京召开“全国文物保护科技工作会议”，我被特邀参加。国家文化部部长蔡武、科技部社会发展司司长马燕合到会讲话，国家文物局局长单霁翔作工作报告《加强行业创新体系建设，全面提高科技创新能力》。国家文物局和各省市文物局与博物馆领导以及重点科研基地负

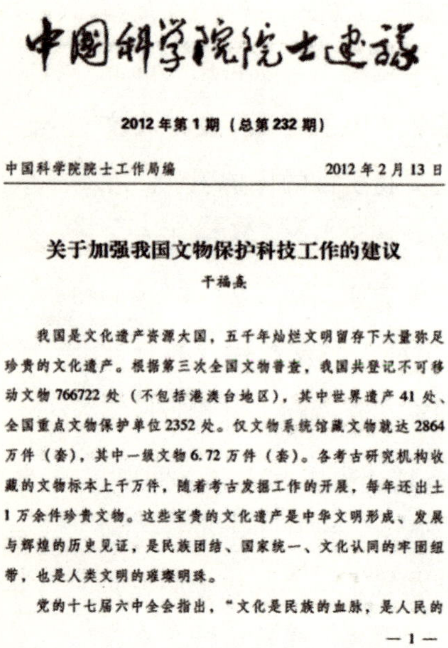
中国科学院院士建议

2012 年第 1 期（总第 232 期）

中国科学院院士工作局编 2012 年 2 月 13 日

关于加强我国文物保护科技工作的建议

干福熹

我国是文化遗产资源大国，五千年灿烂文明留存下大量弥足珍贵的文化遗产。根据第三次全国文物普查，我国共登记不可移动文物 766722 处（不包括港澳台地区），其中世界遗产 41 处、全国重点文物保护单位 2352 处。仅文物系统馆藏文物就达 2864 万件（套），其中一级文物 6.72 万件（套）。各考古研究机构收藏的文物标本上千万件，随着考古发掘工作的开展，每年还出土 1 万余件珍贵文物。这些宝贵的文化遗产是中华文明形成、发展与辉煌的历史见证，是民族团结、国家统一、文化认同的牢固纽带，也是人类文明的璀璨明珠。

党的十七届六中全会指出，"文化是民族的血脉，是人民的

— 1 —

《关于加强我国文物保护科技工作的建议》

责人都参加，也会见了国家文物局的各位知名专家，我很高兴在这两年中参与了中国文物保护和考古的规划与考察活动，学习了不少新知识，也感到今后的责任的重大。因此，在各方的帮助下，我写了一份《关于加强我国文物保护科技工作的建议》，希望在自己的暮年能为此尽点绵薄之力。中国科学院院士工作局上报给国务院，国务委员刘延东阅后批示给中国科学院、科技部、文化部和国家文物局等领导，要加强我国文化遗产的保护工作。

推动纳米光学和纳米光子学，关心高功率激光发展

为古代玻璃器和玉器的科学研究，我要去访问各省市的文物考古单位。为获得整器文物作无损分析测试，我得通过各省市领导，取得支持，这还得靠以往科技工作中的影响和联系。近几年我也经常听到各省市领导的劝说，要求我不要只顾"科技考古"，还要关心激光技术和信息科学。所以，我不仅要考察文物遗址和博物馆，我还先要去参观那地区的高科技园区和国家重点实验室，这促使我近 10 年来从未间断对前沿科学技术的

关注。

我所熟悉的光信息存储技术，近 10 年来光盘已从 CD 到 DVD，近年已逐步普及蓝光光盘（BD），刻录点的最小尺寸已接近 100 nm。为提高信息存储度，目前趋向纳米信息存储。对微电子技术中大规模集成电路的芯片，随着集成度的提高，对光刻的线条宽度也要求不断缩小，这 10 年来，线条宽度进入纳米尺寸，目前从 98 nm 缩为 62 nm、45 nm 甚至指望到达 22 nm。从光学成像的原理上讲，就是要发展近场光学和突破远场光学中的衍射极限。美国光学学会提出 21 世纪的光学前沿的 5 个方面，首先是突破远场的光衍射极限。2009 年 3 月由国际电子学和电工学学会主持的国际纳米电子学大会在香港举行，我应邀参加，作特约报告的题目就是《用近场光学实现纳米数据存储和纳米光刻》。2010 年 8 月在桂林召开第三届全国信息光学和光子学器件会议上，我特邀作了题目为《突破光的衍射极限，发展纳米光学和纳米光子学》的综述报告①。前两年国家自然科学基金会副主任沈文庆院士希望我对弱光场的光学前沿问题能梳理一下，作出一个报告。2010 年下达了由上而下的主任基金软课题“突破光学衍射极限的机制及应用”。近几年我在国内外访问时，参观了一些大学和研究所，注意相关方面的动态。2011 年 10 月我约请上海理工大学庄松林院士（中国工程院）共同主持召开了由中国科学院和上海市合办的“东方论坛”第 188 期，以上述软课题为主题，全国各地专家 40 余人参加。指出 21 世纪是多媒体信息时代，大容量、高密度和快速是其显著特征。纳米光学和纳米光子学的发展正是迎合这种需求。分辨率要达到纳米级别，远远小于波长量级，需要突破光的衍射极限。重要的应用目标为纳米光刻、纳米成

①《突破光的衍射极限，发展纳米光学和纳米光子学》，干福熹、王阳，光学学报，2011，31（9）：1 ~9 页。

像和纳米信息存储。《科学时报》以及科学网等作了对这次论坛的专题报道，呼吁加强这一前沿性的基础研究。

强激光技术的重大前沿研究是“激光惯性压缩核聚变”，它不仅能产生清洁的聚变能源，而且也是实验室内进行的“核爆模拟”。所以，具有核武器的国家都花大力量持久地积极发展一代又一代的巨大的高功率激光驱动器装置。以美国劳伦斯·利佛莫尔（LLNL）国家实验室为例，我1979年在那里参观了刚建成的第一代Shiva装置，3纳秒（10^{-12}秒）输出千焦耳的能量的激光，1996年参观输出激光能量为万焦耳级的NOVA装置。2009年美国建成了NIF（National Initiative Fusion）装置，输出激光能量为百万焦耳级。在该装置上，近两年在进行激光热核聚变的得失相当（即输入的激光能量与输出的核能相当）实验。1997年以前，LLNL每年给我寄来年度报告，而以后停止了。我也较少注意这方面的研究进展。这两年各方面还希望我参与这一前瞻性、战略性和基础性的重大研究项目，我特别注意激光驱动器所用的激光材料、器件结构和关键的材料物理与激光物理问题。我会跟踪高功率激光技术的发展，注意分析，提出我的思考和建议。

在光电子技术和产业方面，我每年都参加我国“光纤通信高层论坛”；2005和2008年都主持了国际光存储研讨会和信息数据存储讨论会。目前正推动召开2012年的沿届会议。2005年10月在武汉召开的光电子技术和产业高层论坛上我作了《中国光电子技术和产业发展趋势》报告；2011年9月我在云南省科技学术年会上，受邀作了《21世纪光电子技术发展和应用展望》特邀报告，总结了2005年后光电子技术和产业发展取得的成绩和存在的问题。

21世纪自然科学和技术将会有很大的进展和突破，我已进入暮年，精力不济，我只能从我熟悉的一些科技领域，作一点跟踪研究和分析，尽自己一点绵薄之力。

以物为证，以史为鉴，学写回忆录

人老了，就喜欢回忆过去曾有过的人生经历。但在忙忙碌碌的工作和事务中很难定下心来，只有在突然一件事情来临时，你才不可忘记你的过去。对于我，那就是2007年9月我老伴邓佩珍突然离去，我不可忘记我们一生的欢乐和悲痛。2008年2月我在澳大利亚墨尔本二儿子干效松家过春节，人家欢乐过春节，我却悲痛地向北遥祭。为了纪念她，我要写一点文字留下来。这样，我写了《科研苦旅——我们科研生涯的欢乐和悲痛》一文。该文寄给《院士回忆》集的主编费滨海，他觉得我的笔调太低沉了，问我能否写得更振奋一点，我讲只能如此，这本文集出版得很迟①。费滨海将我的稿子给了《新民晚报》，他们摘录拼成一文发表在2009年8月28日的《十日谈》副刊上。我事先不知，只得电话“抗议”。由于《新民晚报》发行量大，事后接到不少朋友和同事的来电，他们不知我们俩过去的详情，看后很受感动，希望我多写一点回忆文章。

2010年是世界激光技术诞生50周年，中国激光杂志社来约稿要我写有关中国激光技术发展的一些回忆。我想到我经历了中国早期激光的发展，至今很多当事人已离世，就写了一篇《回顾中国激光的诞生和早期发展》文稿，登载于《中国激光》的纪念专辑②。2010年7月该专辑在中国光学学会于天津举行年会时发放。当天就有不少电讯发来，讲大家不知过

①《共和国院士回忆录（二）》，东方出版社，2012年3月，133～139页。

②《回顾中国激光的诞生和早期发展》，干福熹，中国激光，2010，37（9）：2183～2187页。

去有这么多有意思的事情，希望我多回忆，多写出一些东西来。当时，我正在中科院长春光机所访问，就在该所档案室寻找一些科技历史档案资料。

在各方的鼓励下，从 2010 到 2011 年的一年多的时间内，我赶写了《科海拾贝》一书，在科学的大海中，记录我 60 年科研生涯中的点滴回忆，回忆起一些我认识的老一辈的科学家和听到过的一些史话，回忆起我从事过的相关科学领域的人和事。都是片段，形成不了历史。在写回忆录中我自己得出一些感悟和启迪，更使我精神振作。在编写这本口述自传时，《科海拾贝》一书是主要的资料来源。

2011 年 11 月中国光学学会秘书长倪国强教授和学会办公室的一行人来我家访问，讲到我国光学老前辈王大珩先生在去世前曾多次讲要办两件事。第一件事，是为建立光学博物馆，此事已落实在长春市修建。2010 年夏，我在长春时见大楼已快落成。第二件事，是为编写一本中国光学史，现已着手，想听我意见。我讲，光学古代史好写，钱临照老前辈曾注释过《墨经》中光学部分，也已有几位老人写过明清光学史。较难的是近代和现代光学史，首先涉及保密问题，因为光学技术服务于国防军工是很重要的一块，30 年解密如何实现，涉及目前还健在的人以及当时的单位和事。我觉得写回忆和写历史要公开、公正、公平，要以物为证，以史为鉴。

“2012年”对我是有特殊意义并值得纪念的年份：一是按照中国传统算法，今年正好是步入耄耋之年；二也是我参加科学研究工作60周年，自1952年由浙江大学化工系毕业，走进中国科学院大门，整整一个甲子60年的时间了。

第 16 章 补遗 2012

《口述自传》一稿交付出版社后，以为书稿的工作就此完成了。但是过后，我于 2012 年 11 月去北京开会，黄振发来看我，在闲谈中说起他的想法，认为“2012 年”对我是有特殊意义并值得纪念的年份：一是按照

2012 年 1 月 4 日八十寿辰(农历)，全家团聚

中国传统算法，今年正好是步入耄耋之年；二也是我参加科学研究工作60周年，自1952年由浙江大学化工系毕业，走进中国科学院大门，整整一个甲子60年的时间了。对于这样一个值得纪念的重要年份，本书中应该有所反映。因此，在他再一次访谈时，我欣然接受了他的建议，同时还为他讲述、提供了相关的素材。因为从年初开始这些事都在进行中，所以，我们商定这一章就用“补遗2012”，反映我这一年的多次主要活动，并用照片加以表示。

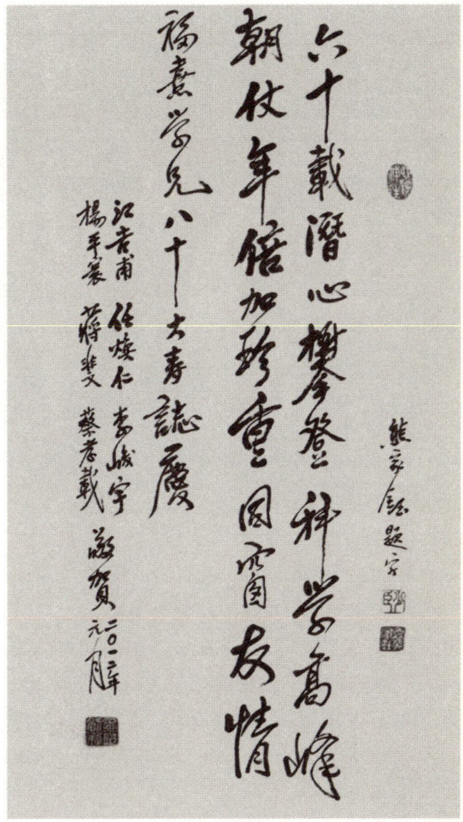

2012年1月31日浙大校友送给我的祝寿词

2012年初春时节，我在海内外的家人都相聚上海，祝贺我的八十寿辰。浙江大学在上海的校友也在新春佳节期间相聚，为我祝寿，其中有比我年龄还要大的同学，他们还特意送我一帧长轴：“六十载潜心攀登科学高峰，朝仗年倍加珍重同窗友情”。

还有20世纪50年代初到苏联留学，现在上海工作的同学也在2012年3月10日相聚并祝寿。我们中科院上海光机所的老同事、老朋友钟永成、马笑山等，他们和我都曾在长春光机所一起工作过，今年相聚并祝寿。这些活动都凝聚着人世间的浓浓温情——亲情、友情。应该是我此生最为珍惜和难忘的日子，不抒不足以为怀。

2012年1月31日，在上海与浙大校友相聚（左起：江吉甫、杨平寰、蔡孝载、干福熹、任焕仁、李峻宇、蒋斐）

2012年3月10日，在上海的留苏同学新春聚餐及祝寿（左起：余善庆、林祖镶、余俊梁、干福熹、颜宝新、沈寿鹏、张清纯、茅志琼）

我于1952年，满怀着建设新中国的激情，从东南沿海的浙江大学毕业到了东北的中国科学院仪器馆工作，离开了母校，踏入社会，这一晃就是60载。时值金秋时节，月桂飘香，母校浙江大学展开双臂“热烈欢迎化工系52届同学毕业60周年重返母校！”一幅鲜红的标语横幅，把60年前的学子呼唤回到了母校团聚。

我们这些奔赴在祖国各地的莘莘学子，没有忘记母校的培育，也没有忘记老师们的谆谆教导，虽然大家都已鬓发花白，但在不同的岗位上用60年的耕耘硕果，给母校

2012 年新春与老同志(钟永成、马笑山)相聚

2012 年 9 月 24 日浙江大学紫金山校区化工系毕业 60 周年校友团聚

2012 年 9 月 16 日，长春光机所成立 60 周年［左起：干福熹、丁衡高（原国防科工委主任、工程院院士）、阴和俊（中科院副院长）、曹建林（国家科技部副部长）、王之江（中科院院士）］

以报答。母校 60 年突飞猛进的发展，让我们校友们感到了无比的欣慰和自豪。

也是秋天收获的季节，中国科学院长春光学精密机械研究所迎来了建所 60 周年，这是我熟悉和充满深厚情感的地方。我就是在这片土地上扬起科研生涯的风帆，从熔制出我国第一埚光学玻璃开始，就投身到我国光学的事业，亲身见证了中国光学事业发展的历史，今天的中科院长春光机所已成为中国现代光学的摇篮。说起她，我在这个“摇篮”中成长起来的“孩童”有太多的感慨。2012 年 9 月 16 日我与国内外回来的早期老同事共同参加了庆典活动。

1952 年初，中国科学院决定由王大珩先生主持工作的仪器馆筹备处，与东北科学研究所联合在长春组建科学仪器馆，这就是中国科学院长春光学精密机械研究所的前身。当时机构的设置除行政后勤保证外只有三个实验室：一是光学物理实验室；二是机械实验室；三是光学玻璃实验室（及两个实验工厂）。当年我来科学仪器馆报到，就是分配在光学玻璃实验室工作，整个仪器馆不过百来人的员工。60年过去了，而今长春光机所起了翻天覆地的变化。用现代的语言概括起来，长春光机所就是一所“孵化器”，她奠定了我国光学事业及学科的基础，培养了各类科学

2012年8月17日在甘肃兰州参加“早期丝绸之路暨早期秦文化国际学术研讨会”［左起：楊惠福（甘肃省文物局局长）、干福熹、童明康（国家文物局副局长）、张正锋（甘肃省人民政府副秘书长）、李伯谦（北京大学教授）］

2012年9月19日发展中国家院士大会，与白春礼院长（右）合影

2012 年 10 月 20 日第九届国际光存储研讨会（上海嘉定）

文物保护与科技融合战略研讨会（北京香山饭店）

技术人才，建立了我国主要光学研究机构。

这一年的活动还真是紧张而充实：8 月 17 日赴甘肃兰州，参加“早期丝绸之路暨早期秦文化国际研讨会”；9 月 18 日参加在天津市召开的

2012 年 10 月 24 日古陶瓷国际会议，与美国古陶瓷专家范黛华（PamelaVandiver）合影（江西景德镇）

2012 年 11 月古玻璃国际研讨会（上海嘉定）

“发展中国家科学院院士大会”；10 月 20 日主持了在上海嘉定召开的“第九届国际光存储研讨会”；10 月 23 日参加我国科技部、中科院和国家文物局联合召开的“文物保护与科技融合战略研讨会”并作主题发言；10 月 24 日参加在江西景德镇举行的“古陶瓷科学技术国际讨论会”；11 月 11 日主持在上海举行的“古玻璃国际研讨会”。

我这样到处奔波，也许就是出于我的一种责任感，一种信念。老朋友黄振发出于善意，希望我多保重身体，我对他也只是本能地莞尔一笑。我对自己一生的追求和选择，就是这么纯真地无怨无悔！

附　录

干福熹年表

1932 年　12 月 29 日（农历壬申年十二月初三）出生在浙江省杭州市。

1939 年　杭州市佑圣观路小学学习。

1943 年　杭州市立中学初中学习。

1946 年　浙江省立高级工业职业学校学习。

1949 年　考入浙江大学化学工程系。

1951 年　加入中国新民主主义青年团。

1952 年　大学提前毕业，分配到东北长春中国科学院仪器馆工作，研究实习员。

1953 年　在龚祖同先生的指导下，组织光学玻璃的研制工作，并研制出中国第一埚光学玻璃。

1954 年　被评为长春市先进工作者。

1955 年　被评为全国青年社会主义建设积极分子，受到第一代党和国家领导人的接见。加入中国共产党。

1956 年　9 月被评为助理研究员。到昆明光学仪器厂设计和建设中国第一个光学玻璃生产车间。被派往苏联科学院硅酸盐化学研究所学习和工作。

1959 年　在苏联学习和工作期间，完成了第一部专著（副博士论文）《硅酸盐玻璃中硼反常和铝－硼反常现象的研究》（Исследование борное и алюмо-борное аномали силикатных стекол），以俄文在苏联出版。获得苏联科学院化学副博士学位。11 月，参加全苏第 3 届玻璃态学术会议（列宁格勒）。

1960 年　回国后任中国科学院长春光学精密机械研究所光学材料部主任。研究特种光学玻璃、耐辐射光学玻璃系列和红外光学玻璃。12 月，与邓佩珍结婚。

1961 年　提出“用掺稀土元素离子的玻璃作为激光工作物质最有可能产生激光”的观点，并进行了各种掺稀土玻璃的光谱研究。

1962 年　所领导的中国第一台掺钕玻璃激光器研制成功，比国际上第一台掺钕玻璃激光器（美国）迟 1 年时间。

1963 年　总结我国光学玻璃的研究成果，编写 70 多万字的《光学玻璃》专著。12 月至次年 1 月，应英国皇家学会邀请考察英国激光和光学。

1964 年　《光学玻璃》专著由科学出版社出版发行。参加筹建中国科学院光学精密机械研究所上海分所，任激光材料研究室主任。4 月，参加苏联第 4 届全苏玻璃态学术大会。9—10 月参加在英国召开的国际发光会议及第 1 届国际激光会议。5 月被评为副研究员。

1965 年　在国际上，首先观察到掺钕磷酸盐和氟磷酸盐玻璃的激光。在中国科学院光学精密机械研究所上海分所开始培养研究生，首次招收了两名，后因“文革”而停止。9 月参加在英国召开的远红外和亚毫米波国际会议。过继兄长干福泰幼子干效东为子。

1966 年　《硅酸盐玻璃物理性质变化规律及其计算方法》专著由科学出版社出版。“文革”开始，失去了科研工作机会，挂黑牌监督劳动。

1968 年　次子干效松出生。

1969 年　被扣上三顶“特务”帽子，隔离审查 8 个月。

1971 年　幼子干效宁出生。

1972 年　进“科技五七干校”劳动 8 个月。

1973 年　结合进“上海光机所革命委员会”，负责业务领导工作。

1974 年　参加中国共产党第十次代表大会。

1975 年　负责接待美国科学家巴丁一行，参观了激光研究实验室。

1976 年　第二次进干校劳动。参加毛泽东主席的“水晶棺”研制。

1978 年　任中国科学院上海分院副院长、上海科学院副院长和中国科学院上海光学精密机械研究所所长、研究员。“高能钕玻璃”研究项目获全国科学重大成果奖，个人获得全国科学大会特殊贡献奖（现定为全国劳动模范）。再次开始招收培养光学硕士研究生。

1979 年　2—3 月率中国科学院激光代表团访问英国和法国。8 月访问日本。12 月访问美国。

1980 年　当选为中国科学院学部委员。与王大珩院士主持召开第一次国际激光会议（上海，北京）。招收培养无机非金属材料工学硕士研究生。11 月率中科院访问小组参加匈牙利举行的“80’光学研讨会”，同时访问罗马尼亚。

1981 年　主持召开第 1 届国际玻璃学术会议（北京）。专著《无机玻璃物理性质计算和成分设计》由上海科学技术出版社出版。9 月参加澳大利亚“第 2 届全澳激光会议”。

1982 年　中国光学学会成立，担任副理事长。国际《非晶态固体》（*J. Noncrystalline Solids*）编辑顾问（1982—2008）。6 月率中科院访问小组参加法国举行的“国际非晶态固体物理”会议。9 月参加罗马尼亚召开的“相干光学会议”。10 月率中国硅酸盐学会代表团参加在美国举行的“国际玻璃协会年会”，访问加拿大和美国。

1983 年　开始培养博士研究生。担任国际玻璃协会（ICG）执行委员会委员（1983—1987）。6—7 月访问西德，参加国际玻璃大会、国际“溶胶和凝胶学术研讨会”和“大学间玻璃科学国际会议”。

1984 年　正式卸任中国科学院上海分院、上海科学院副院长和中国科学院上海光学精密机械研究所所长行政职务。被选为上海市科学技术协会副主席。受中国硅酸盐学会委托，在中国北京召开“1984 年北京国际玻璃学术讨论会”，主持并在国际杂志《非晶态固体》出版会议论文集。8 月受东德科学院邀请访问民主德国科学院所属物理研究所和耶拿（Jena）大学。

1985 年　担任中国硅酸盐学会副理事长。参加“863”规划民口的信息科学技术组，提出作为高新技术，我国要加快光电子技术的发展，经努力在第一期规划中设立了光电子技术专题组；2 月访问美国，参加“第 3 届国际光存储会议”；6 月率中科院光电子访问组访问日本；9 月访问意大利和土耳其，参加国际玻璃协会年会和执委会。

1986 年　担任高技术新材料技术领域专家委员会委员。浙江大学兼职教授。“光电宽光谱折射仪”项目获中国科学院科技进步三等奖。国际现代光学（*Modern Optics*）期刊编委会顾问（1986—1998）。主编 1984 年北京国际玻璃学术讨论会论文集《中国古代玻璃研究》，由中国建筑工业出版社出版。3 月率中国玻璃代表团参加印度举行的“第 14 届国际玻璃大会”。8 月访问美国参加 SPIE（国际光学工程联合会）年会。11—12 月率中科院代表团赴苏联参加中苏激光讨论会。

1987 年　主持国家自然科学基金重大项目——超长波红外光纤通信的物理基础研究和“七五”国家科技攻关项目——5.25 英寸可擦重写磁光盘研究开发。任中国科学院光盘联合实验室主任。“无机玻璃物理性质计算和成分设计”项目获中国科学院科技进步一等奖。担任中国大恒集团公司副董事长、总裁和法人代表，参与大恒集团公司的组建。2 月访问香港，商谈中国大恒集团公司的业务，在香港组建“科恒光电子公司”，作为中国大恒集团的窗口公司。7 月访问日本，参加“国际非晶态固体会议”。8—9 月访问民主德国和捷克斯洛伐克，参加“Abbe - Schott 高性能光学会议”。10 月访问南斯拉夫，参加国际玻璃协会年会。

1988 年　“无机玻璃物理性质计算和成分设计”项目获国家自然科学三等奖。“中小应用掺钕磷酸盐激光玻璃”项目获中国科学院科技进步二等奖。编著《现代玻璃科学技术》一书，由上海科学技术出版社，分别于 1988 年出版上册，1990 年出版下册。担任第 2 届国务院学位委员会委员（1988—1994）。5 月访问美国，参加国际玻璃协会年会和执委会。6 月访问泰国和香港，商谈大恒公司业务。9 月访问罗马尼亚、保加利亚和苏联，参加“第 13 届国际相干光学会议”和“国际量子电子学会议”。大胆倡导并主持在我国召开“国际光存储会议”（International Symposium on Optical Storage，ISOS），为我国光存储研究走向世界，加快对外交流，第一次会议在上海举行。

1989 年　担任激光技术国家重点实验室学术委员会（华中理工大学）主任。提出辞去大恒集团公司的领导职务并于年底正式离开。4—5 月访问德国和法国考察光电子技术和产业。7 月参加在苏联“第 15 届国际玻璃大会”。10 月参加在马来西亚“锡和硅化学大会”。10 月在香港处理大恒公司业务。

1990 年　主持中国科学院重大项目——高性能光盘存储技术的研究开发。担任国际光学工程学会（SPIE）资深会员（Fellow）。获国务院的政府特殊津贴。6 月访问马来西亚参加“激光和等离子体工艺”讨论会。7 月参加加拿大和美国“SPIE 光电子技术国际会议”。10 月在日本参加“光学和光电子功能陶瓷会议”以及在德国参加“国际先进玻璃会议”。

1992 年　任《中国硅酸盐学报》主编、国际玻璃协会执委会委员（1992—1996）、国际《纯粹及应用光学》（*Pure and Applied Optics*）杂志编委（1992—1999）、国际《光学材料》（*Optical Materials*）杂志编委、同济大学名誉教授。“13 厘米可擦重写磁光盘研究开发”项目获中国科学院科技进步一等奖，专著《现代玻璃科学技术》（上、下册）获第六届全国优秀科技图书一等奖，“无机玻璃中稀土离子光谱研究”项目获上海市科技进步二等奖。专著《数字光盘及光存储材料》由上海科技出版社出版。《玻璃的光学和光谱性质》英文版由施普林格出版社出版。8 月率中科院高功率激光代表团访问俄罗斯。9 月在法国参加第 8 届非氧化物玻璃会议。10 月访问意大利和西班牙，参加第 16 届国际玻璃大会。11 月访问美国波多黎各大学，参加 92’ 国际激光大会。

1993 年　任激光技术国家重点实验室学术委员会主任，当选为第三世界科学院院士。“透红外氟铝酸盐玻璃”研究项目获中国科学院科技进步二等奖。著《超长波长（2 ~ 5μm）红外光纤通信》一书，由山东科学技术出版社出版。6 月访问日本，参观日本理化所、京都大学和名古屋大学等，讨论光信息存储合作研究。8 月访问法国，参加第 7 届国际凝胶及产物讨论会。9 月访问美国和加拿大，参加 SPIE 光学年会和国际先进玻璃讨论会。10 月访问希腊，参加国际玻璃协会执委会和年会。11 月访问马来西亚，参加“主族元素化学会议”。

1994 年　任《马来西亚科学》杂志和《马来西亚固体科学和技术》杂志编辑顾问委员，《世界科技研究与发展》杂志顾问，中国科技大学和上海科技大学兼职教授。世界科学出版社（ World Scientific Publishing）出版《激光材料》（*Laser Materials*）英文版。担任第三届国务院学位委员会委员（1994—1998）。4 月访问墨西哥和美国，参加国际玻璃协会执委会和访问 Texas 大学和 Arizona 大学。7 月访问意大利和德国，参加国际陶瓷协会主办的“新材料”论坛、第 5 届“Otto Schott 论坛”等。10 月访问日本，参加磁光记录国际会议和访问韩国科学和技术学院和研究院，以及三星电子中央研究所。11 月访问美国，参加美国陶瓷协会年会。

1995 年　“超长波长（2 ~ 5μm）红外光纤通信物理基础”研究项目获中国科学院自然科学二等奖。《玻璃的光学和光谱性质》（英文版）获得第七届全国优秀科技图书特别奖。专著《激光材料》（中文版）由上海科技出版社出版。3 月访问英国的 Nottingham 大学和参加国际玻璃协会执委会。4 月访问瑞士和列支敦士登，讨论光盘制造产业合作。5 月在菲律宾参加第 6 届亚洲化学大会。7 月访问日本，参加 CLEO 环太平洋会议。9 月在尼日利亚参加第三世界科学院院士大会。

1996 年　主持国家计委科技攻关项目——可擦写 CD 光盘生产工艺研究开发和国家重点科技攻关项目——5. 25 英寸实用化可录光盘研究开发。任国际《玻璃物理与化学》（*Physics and Chemistry of Glass*）杂志编委（1996—2008）。7 月在美国参加第 10 届非氧化物玻璃会议、国际数据光存储会议以及参观光存储公司。9 月访问韩国，参加“材料在持久发展中的作用会议”。9 月访问土耳其，参加 ICG 执委会和年会。10 月访问德国、荷兰和英国，参观光盘制造设备公司和飞利浦电子公司。

1997 年　主编《数字光盘存储技术》一书。主持中国科学院重大项目——新型高密度光盘存储材料和技术的基础研究。获何梁何利基金科学和技术进步奖。2 月访问以色列，参加光学工程会议，参观大学和研究院。9 月访问英国，参加"凝胶制备材料会议"和参观光盘母盘制备公司。9 月在巴西参加第三世界科学院院士大会。12 月访问日本，参加"第 9 届相变光盘会议"。

1998 年　主持国家自然科学基金重点项目——蓝绿光高密度光盘存储材料研究。任美国光学学会（OSA）资深会员（Fellow）、《功能材料与器件学报》副主编、三束材料改性国家重点实验室学术委员会（复旦大学）委员、复旦大学兼职教授。《数字光盘存储技术》由科学出版社出版。4 月在日本参加"光存储国际会议"。7 月在美国参加第 18 届国际玻璃大会和在加拿大参加 SPIE"红外光纤的应用国际会议"。9 月在德国参加"Otb-Schott 论坛"和在英国参加第 11 届非氧化物玻璃会议。

1999 年　主持上海市科学技术发展基金重点项目——"超高密度数字信息存储的物理基础和关键技术"的研究，"5″可录 CD 光盘材料、生产工艺开发研究"获中国科学院科技进步一等奖。5 月访问列支敦士登 Blazers 真空设备公司、瑞士 4M 光盘公司、奥地利维也纳大学、德国数据光盘公司、荷兰 Toolex 光盘公司和飞利浦公司、瑞典 M－2 机械设备公司等。

2000 年　任光盘及应用国家工程研究中心（中国科学院）高级顾问，复旦大学信息科学与工程学院董事会董事，中国光谷建设顾问委员会（武汉）副主任。"5″可录 CD 光盘材料、生产工艺开发研究"获国家科技进步二等奖。主编《信息材料》（简体）一书，由天津大学出版社出版。任华侨大学兼职教授。1 月访问美国参加"Photonics West 国际会议"。2 月访问韩国，参加韩国光学学会建立十周年会议。3 月和 10 月访问日本，参加"超高密度光存储会议"及参观日本电子公司等以及访问千叶大学讲学。访问巴西，参加第 12 届非氧化物玻璃会议。10 月访问伊朗，参加第三世界科学院院士大会。12 月访问新西兰、澳大利亚，参加自适应材料大会。

2001 年　主持中国科学院二期创新工程——中国古代玻璃发展研究。任 *Chinese Optics Lett* 编委、先进光子学材料和器件国家重点实验室学术委员会（复旦大学）主任。开始在复旦大学培养物理学博士研究生。6 月访问埃及，在埃及科研中心讲学。7 月在英国参加第 19 届国际玻璃大会，获国际玻璃协会主席奖（终身成就奖）。9 月聘为《辞海》编辑委员会委员、副主任。

2002 年　主持国家自然科学基金项目——中国古代玻璃起源的研究。先后召开南方古玻璃研讨会，主编出版了《中国南方古玻璃论文集》。组织力量分析了 200 余种出土的古代玻璃样品。5 月访问香港，参加两岸三地高层科技研讨会。5 月和 7 月分别参加“光子学革命中的玻璃国际研讨会”以及“Otto-Schott”论坛。4 月聘为长春理工大学名誉教授。

2003 年　9—10 月在日本参加“环太平洋陶瓷学会联合会议”以及“亚洲－大洋洲陶瓷联盟会”。

2004 年　主编《资讯材料》（《信息材料》一书繁体版），由台北新文京开发出版股份有限公司出版。任中国硅酸盐学会名誉理事长。5 月访问德国，参加第 5 届“国际玻璃涂层会议”。8 月访问加拿大讨论“光网技术发展”和参观世界矿石展览会。10 月访问日本，参加第 20 届国际玻璃大会和评估“Photo Craft”计划。

2005 年　编写《中国古代玻璃技术的发展》，由上海科技出版社出版。任《艺术玻璃》杂志顾问。7 月访问英国，考察 Celtech 光盘公司，参观大英博物馆，讨论古代玻璃。访问丹麦 Alborg 大学。8 月访问加拿大皇家安大略博物馆、自然博物馆。

2006 年　《光子学玻璃》（*Photonic Glasses*）英文版由世界科学出版社出版。1 月访问新加坡国立大学和国家存储研究所。2 月访问澳大利亚 Swinburne 工业大学。6 月聘为哈尔滨工业大学名誉教授，7 月聘为黑龙江大学名誉教授。

2007年　主持国家自然科学基金项目——丝绸之路上古玻璃研究、中国科学院三期创新工程——丝绸之路上古玻璃和古玉研究。主编《丝绸之路上的古代玻璃研究》论文集，由复旦大学出版社出版。4月聘为深圳大学名誉教授。科研伴侣邓佩珍去世。

2008年　《丝绸之路上的古代玻璃研究》英文版（*Ancient Glass Research along the Silk Road*）由世界科学出版社出版。2月访问加拿大Swinburne工业大学和西澳大利亚大学。9月访问加拿大皇家安大略博物馆，交流古代玻璃和玉器，访问落基山国家公园，寻找玉石和冰川。

2009年　开展自然科学和人文科学交叉和融合的沙龙活动，10月在上海召开“科技和考古”第一次讨论。专门访问新西兰南岛，登冰川，找玉石。

2010年　推动国家文物局和中国科学院的联合和合作，提出院士报告《关于加强我国文物保护科技工作的建议》报国务院。在自然科学领域提出了《突破光的衍射极限，发展纳米光学和纳米光子学》咨询意见。

2011年　在上海举行第二次“沙龙活动”对“古代陶瓷鉴定现状和发展战略”进行讨论。专业参观考察法国罗浮宫等博物馆和意大利阿尔蒂诺考古博物馆和穆拉诺玻璃博物馆，进行考古学术交流。撰写《科海拾贝》记录60年科研生涯中的点滴回忆，并由广西师范大学出版社出版。11月《光子学玻璃及应用》由上海科技出版社出版。6月聘任内蒙古大学名誉教授，10月聘任赤峰学院名誉教授。6月与颜宝新结婚。

干福熹主要学术著作

中文出版物

专著

1 干福熹等著《光学玻璃》第一版（1964 年），第二版上、中册（1982 年），下册（1985 年）科学出版社（北京）

2 干福熹著《硅酸盐玻璃物理性质变化规律及其计算方法》（1966 年）科学出版社（北京）

3 干福熹著《无机玻璃物理性质计算和成分设计》（1981 年）上海科学技术出版社

4 干福熹著《现代玻璃科学技术》上册（1988 年），下册（1990 年）上海科学技术出版社

5 黄德群、单振国、干福熹著《新型光学材料》（1991 年）科学出版社（北京）

6 干福熹著《玻璃的光学和光谱性质》（1993 年）上海科学技术出版社

7 干福熹著《超长波长（1 ~ 5μm）红外光纤通信》（1993 年）山东科学技术出版社（济南）

8 干福熹、邓佩珍著《激光材料》（1996 年）上海科学技术出版社

9 干福熹等编著《数字光盘存储技术》（1998 年）科学出版社（北京）

10 单振国、干福熹著《当代激光之魅力》（2000 年）科学出版社（北京）

11 干福熹主编《信息材料》（简体版）（2000 年）天津大学出版社

12 干福熹主编《信息材料》（繁体版）（2004 年）台北新文京开发出版股份有限公司（台北）

13 干福熹等著《中国古代玻璃技术发展》（2005 年）上海科学技术出版社

14 干福熹等箸《丝绸之路上的古代玻璃研究》（2007 年）复旦大学出版社（上海）

15 干福熹等箸《光子学玻璃及应用》（2011 年）上海科学技术出版社

16 干福熹著《科海拾贝》（2011 年）广西师范大学出版社

编著

1 干福熹主编《玻璃科学技术前沿》（1984 年北京国际玻璃学术讨论会论文集）中国建筑工业出版社（北京）1986

2 干福熹主编《中国古代玻璃研究》（1984 年北京国际玻璃学术讨论会论文集）中国建筑工业出版社（北京）1986

3 干福熹主编《超长波段红外光纤通信物理基础》（研究进展报告集 1988 年 6 月—1991 年 9 月）中国科学院上海光机所“国外激光编辑部”（上海）

4 干福熹主编《数字光盘和光存储材料》（中国科学院在光存储方面的科研进展报告集 1989—1991）上海科学技术出版社 1992

5 干福熹主编《中国南方古玻璃研究》（2002 年南宁中国南方古玻璃研讨会论文集）上海科学技术出版社 2003

英文出版物（Publications in English）

专著（Monographs）

1 *Optical and Spectroscopic of Glasses*, Gan Fuxi, Springer - Velag, Berlin

Heidelberg, 1992

2 *Laser Materials*, Fuxi Gan, World Scientific Publishing Co. Ptd. Ltd., Singapore, 1995

3 *Photonic Glasses*, Fuxi Gan, Lei Xu, World Scientific Publishing Co. Pte. Ltd, Singapore, 2006

4 *Ancient Glass Research along the Silk Road*, Gan Fuxi, Robert H. Brill, Tian Shouyun eds., World Scientific Publishing Co. Pte. Ltd., Singapore, 2009

论文集（Proceedings）

玻璃科学和技术（Glass Science and Technology）

1 *Proceedings of the First Beijing International Symposium on Glass* (Beijing, 1981), ed. Fuxi Gan and John D, Mackenzie, J. Non-Crystalline Solids, 52 (1982) No. 1 – 3, North-Holland, Amsterdam.

2 *Proceedings of the Second Beijing International Symposium* (Beijing 1984), ed. Fuxi Gan and P. J. Bray, J. Non-Crystalline Solids, 80 (1986) No. 1 – 3, North-Holland, Amsterdam.

3 *Proceedings of the Third International Symposium on Glass* (Shanghai, 1988), ed. Fuxi Gan and C, Wright, J. Non-Crystalline Solids, 112 (1989) No. 1 – 3North-Holland, Amsterdam.

4 *Proceedings of the Ninth International Symposium on Non-oxide Glass* (Hanghou, 1994), ed. Fuxi Gan and D. R. MacFarlane, J. Non-Crystalline Solids, 184 (1995) Nos. 1 – 3, North-Holland, Amsterdam.

5 *Proceedings of the* 2005 *International Conference on Glass*, ed, Fuxi Gan, Adrian C. Wright, Congshan Zhu, J. Non-Crystalline Solids, 354/12 – 13 (2008). Elsevier, Amsterdam.

光信息存储科学和技术（Optical Information Storage Science and Technology）

1 *Proceedings of the Third International Symposium on Optical Storage*（ISOS 92），ed. Fuxi Gan，SPIE Proceedings，No. 2053，Washington，1993.

2 *Proceedings of the Fourth International Symposium on Optical Storage*（ISOS 96），ed. Fuxi Gan，SPIE Proceedings，No. 2931，Washington，1996.

3 *Proceedings of the Fifth International Symposium on Optical Storage*（ISOS 2000），ed，Fuxi Gan，Lisong Hou，SPIE Proceedings，No. 4085，Washington，2001.

4 *Proceedings of the Sixth International Symposium on Optical Storage*（ISOS 2002），ed，Fuxi Gan，Zuoyi Li，SPIE Proceedings，No. 5060，Washington，2003.

5 *Proceedings of the Seventh International Symposium on Optical Storage*（ISOS 2005），ed，Fuxi Gan，Lisong Hou，SPIE Proceedings No. 5966，Washington，2005.

6 *Proceedings of Eighth International Symposium on Optical Storage and* 2008 *International Worksop on Information Data Storage*，Fuxi Gan，SPIE Proceedings，No. 7125，Washington，2009.

干福熹获奖科研项目

<table>
<tr><th>项目名称</th><th>受奖名称</th><th>年份</th><th>证书号</th></tr>
<tr><td>《光学玻璃》著作</td><td>中国科学院重大成果奖</td><td>1978</td><td></td></tr>
<tr><td>高能激光玻璃</td><td>全国科学大会重大成果奖</td><td>1978</td><td></td></tr>
<tr><td>光电宽光谱折射仪</td><td>中国科学院科技进步奖（三等）</td><td>1986</td><td>851008 - 10</td></tr>
<tr><td rowspan="2">无机玻璃物理性质计算和成分设计</td><td>中国科学院科技进步奖（一等）</td><td>1987</td><td>861016 - 1</td></tr>
<tr><td>国家自然科学奖（三等）</td><td>1988</td><td>Z8736802</td></tr>
<tr><td>中小应用掺钕磷酸盐激光玻璃</td><td>中国科学院科技进步奖（二等）</td><td>1988</td><td>871001 - 10</td></tr>
<tr><td>自动读写光盘静态测试仪</td><td>中国科学院科技进步奖（三等）</td><td>1990</td><td>90J - 3 - 089 - 01</td></tr>
<tr><td>13 厘米可擦重写磁光盘研究开发</td><td>中国科学院科技进步奖（一等）</td><td>1992</td><td>92J - 1 - 028 - 01</td></tr>
<tr><td>《现代玻璃科学技术》专著（上、下册）</td><td>第六届全国优秀科技图书奖（一等）</td><td>1992</td><td></td></tr>
</table>

续表

项目名称	受奖名称	年份	证书号
无机玻璃中稀土离子光谱研究	上海市科技进步奖（二等）	1992	912055－01
透红外氟铝酸盐玻璃	中国科学院科技进步奖（二等）	1993	93J－2－053－04
超长波长（2～5μm）红外光纤通信物理基础	中国科学院自然科学奖（二等）	1995	95Z－2－031－01
《玻璃的光学和光谱性质》专著（英文版）	第七届全国优秀科技图书奖（特等）	1995	
	上海市科技进步奖（二等）	1999	992046
5″可录CD光盘材料、生产工艺开发研究	中国科学院科技进步奖（一等）	1999	995－2－015－1
	国家科技进步奖（二等）	2000	

干福熹培养研究生一览表

干福熹院士立志于科学事业，不但自己刻苦学习和勤奋工作，而且十分重视人才的培养。1965 年他就开始培养研究生，招收 2 名，那年他才 32 岁，后因“文革”动乱停止。到了 1978 年后再开始进行招收，经过 30 多年的精心培养，已有百多位博士生。从学科上：光学、理学，1978 年开始培养光学硕士生，1983 年开始培养光学博士生和博士后，1998 年开始以物理学一级学科培养博士生；无机非金属材料、工学，1980 年开始培养硕士生，1984 年开始培养博士生，1998 年开始以材料学学科培养博士生。其中，硕士生、博士生和博士后的情况见下面的一览表。

历届毕业硕士研究生

姓名	论文题目	学位授予
刘慧民	磷酸盐、氟磷酸盐和氟化物玻璃中过渡金属离子的顺磁共振及光谱研究	1982. 3. 22
郭延华	用 Gibbs 自由能理论研究无机化合物和偏磷酸盐二元系统的共熔区	1982. 3. 22

续表

姓名	论文题目	学位授予
姜复松	Al（PO_3）3 系统氟磷酸盐玻璃的生成、性质和结构	1983. 6. 17
王　豪	若干非晶态半导体的生成与失透	1983. 6. 17
郑海兴	磷酸盐、氟磷和氟化物玻璃中 Er^{3+} 和 Ho^{3+} 离子的光谱性质	1985. 12. 13
张鸣黎	Ge－Ga－S 系统为基础的若干硫系玻璃的研究	1985. 12. 13
戴义生	$ThCl_4$－$PbCl_2$－RCl（R＝Na、Cu、Ag）系统氧化物玻璃的制备、性质和结构	1985. 12. 13
陈海燕	若干特种玻璃的振动光谱和结构研究	1985. 12. 13
曹　元	氟化物玻璃、光纤制备技术及微处理器对拉丝工艺的控制	1986. 10. 6
张金山	玻璃中 II—III 族半导体微晶的光谱性质研究	1987. 8. 28
李光明	急冷硼磷酸盐锂离子导电玻璃研究	1987. 8. 28
孙　旸	脉冲激光作用下 InSb 薄膜中相变的瞬态过程研究	1988. 8. 30
徐永俊	MgF_2－CaF_2－SrF_2－BaF_2－YF_3－$A1F_3$ 系氟化物玻璃熔制气氛对玻璃透光性质及其他性质的影响	1988. 8. 30
姜　奇	稀土-过渡族金属非晶态磁光材料记录和读出热学特性的研究	1988. 8. 30
张海燕	若干无机玻璃的黏度研究	1988. 8. 30
李瑞华	氟化物，氟磷酸盐玻璃中缺陷的研究	1988. 8. 30
周建平	非晶硅基合金的光学性质研究	1988. 8. 30
龚永勇	玻璃中 CuCl 微晶的光谱性质	1989. 9. 6
沈贤飞	钨酸盐玻璃的电色性及光学光谱性质研究	1989. 9. 6
陆松伟	溶胶－凝胶法 V02 膜的相转变	1989. 9. 6

续表

姓名	论文题目	学位授予
江浩川	$CdCl_2-PbCl_2-KCl$（$BaCl_2$）和 $BiCl_3-KCl-As_2S_3$ 系统玻璃的研究	1989. 9. 6
袁海骏	光盘动态测试设备与技术——双光束光盘动态测试光路与测试技术	1995. 9. 26
唐晓东	花菁化合物薄膜的光学和光存储性能研究	1998. 8. 27
熊　义	硅酸盐玻璃的激光拉曼光谱研究	
李　飞	若干南方和北方中国古玻璃的研究	2005. 7. 29
伏修锋	中国古代釉砂、玻砂和三种玉石的岩相结构分析	2006. 7. 1
刘志勇	独山玉和岫玉的岩相结构和无损分析研究	2008. 7. 1
段　浩	中国古代玻璃着色的研究	2009. 7. 1
赵虹霞	透闪石（软玉）和蛇纹石（岫玉）的激光拉曼光谱分析及在中国古代玉器无损研究中的应用	2010. 2. 1
孙访策	翡翠成分、结构和矿物组成的无损分析	2011. 7. 1

历届毕业博士研究生

姓名	论文题目	学位授予/毕业日期
刘慧民	无机玻璃中低价过渡元素离子的格位和分时光谱	1986. 10. 6
张立鹏	氟化物玻璃色散特性和红外多声子吸收损耗特性与玻璃组成关系的研究	1988. 8. 30
陈海燕	卤化物玻璃的喇曼散射和玻璃中 CdS (Se) 微晶的共振喇曼散射研究	1989. 9. 6
丁　勇	玻璃形成、分相研究及计算预测	1989. 9. 6
王　豪	In - Sb 为基础的非晶态薄膜的相变和光电性质的研究	1989. 9. 6
颜海波	低熔点铜基等合金非晶态的形成与晶化研究	1989. 9. 6
胡丽丽	量热法研究玻璃析晶动力学	1990. 7. 19
张　强	白宝石、掺钛宝石单晶的生长位错和激光损伤的研究	1990. 7. 3
李光明	Cu_2O (CuO) 基玻璃和玻璃陶瓷的结构和电学性质	1990. 8. 10
李运奎	光子选通光存贮材料 $SrTiO_3$: Cr 晶体的光谱性质	1991. 6. 5
潘佩聪	晶体生长中的温度场问题	1991. 6. 5
崔　捷	用分子束外延法生长的 ZnSe - ZuS 和 ZnSe - ZnTe 超晶格应力膜的声子谱与激光致发光的研究	1991. 9. 20
薛松生	锑基相变形记录薄膜的激光和热致相变	1991. 9. 20
向小丽	VO_X 薄膜的相变研究	1992. 7. 31
罗　涛	酞菁薄膜的光谱性质和光存储性质	1992. 8. 31
陈一宏	稀土掺杂氟化物玻璃和石英光纤的光学和激光光谱	1992. 3. 28
周　勇	铋 (Bi) 取代石榴石 (DyIG) 薄膜的磁和磁光性能的研究	1993. 7. 31

续表

姓名	论文题目	学位授予/毕业日期
吴章华	光盘介质及其记录畴微区特性的扫描隧道微镜技术研究	1994. 7. 31
刘建华	掺钛蓝宝石（Ti：Al_2O_3）晶体光谱学和电子自旋共振谱学	1995. 7. 31
王　吉	稀土离子掺杂的氟化物和玻璃光纤的发光和激光性质	1995. 7. 31
徐建华	InGaAaP 半导体激光超短脉冲的产生于压缩研究	1995. 7. 31
唐福龙	功能复合光学薄膜的制备及光学性能研究	1996. 3. 31
陈启婴	酞菁薄膜及其光存储器件	1996. 7. 31
徐　军	掺 Cr^{4+}（$3d^2$）的可调谐激光晶体研究	1996. 7. 31
陈红兵	玻璃中光、电致二阶非线性光学效应的研究	1997. 7. 31
范建平	光盘存储技术中的运动图像压缩编码和纠错码	1997. 7. 31
门丽秋	光盘材料的短波长记录和存储特性研究	1997. 7. 31
王　荣	磁光存储与磁光盘动态测试技术	1997. 7. 31
夏海平	含富勒烯的凝胶光功能材料的结构与性质研究	1997. 7. 31
刘惠勇	Ag－In－Sb－Te 相变薄膜的热致相变特性及短波长记录存储性能	1998. 7. 31
阮　昊	电子俘获材料、物理机制及其应用	1998. 7. 31
姜　淳	高发射截面掺镱激光玻璃和高密度掺铈玻璃闪烁体的研究	1999. 7. 31
李　晶	可录及相变光盘膜层设计、光学参数测量及动态存储性能研究	1999. 7. 31
尹津龙	酞菁化合物薄膜的光谱性质和光存储性质	1999. 7. 31

续表

姓名	论文题目	学位授予/毕业日期
董　俊	自调 Q 激光晶体 Cr，Yb：YAG 和 Cr，Nd：YAG 的生长．光谱与激光性能研究	2000. 7. 31
梁志坚	几种金属有机配合物和硫化铋纳米材料的三阶非线性光学性质研究	2000. 7. 31
姜雄伟	短脉冲激光作用下玻璃的暗化及其机理研究	2001. 7. 31
李进延	短波长光存储相变薄膜及超分辨光盘的研究	2001. 7. 31
王海凤	高密度光盘存储的超分辨技术研究	2001. 7. 31
王　阳	几种有机化合物薄膜的光学和光存储性质研究	2001. 7. 31
周国清	白宝石（Al_2O_3）光学晶体和 a－BaB_2O_4 双折射光学晶体的缺陷和生长研究	2002. 7. 31
刘启明	硫系非晶半导体薄膜的光致性能变化的研究	2002. 5. 16
顾玉宗	金属有机化合物和铁电材料的三阶光学非性及被动光学限幅器研究	2002. 7. 31
李青会	非化学计量比氧化物薄膜结构和光存储特性研究	2002. 7. 31
毛艳丽	掺 Yb^{3+}、Nd^{3+} 晶体和玻璃的激光光谱和激光性能研究	2002. 7. 31
徐文东	深亚微米光存储测试技术研究	2002. 7. 31
杨卫桥	GaN、ZnO 外延衬底材料和外延膜制备及其缺陷的研究	2002. 7. 31
曹国熹	氟铝酸玻璃的改进和新型氟锗酸盐玻璃研究	2003. 3. 31
黄明举	光聚物高密度全息存储性能及其盘状数字全息存储技术的研究	2003. 3. 31
姚华文	数字全息光存储光致聚合物材料的制备	2003. 3. 31
刘　波	激光致相变材料结晶及高密度相变光盘工艺基础研究	2003. 7. 31
张约品	超分辨多层薄膜的磁及磁光特性研究	2003. 7. 31

续表

姓名	论文题目	学位授予/毕业日期
耿永友	可录数字多用光盘记录材料的光学性质与制盘工艺基础研究	2004.3.31
蒋成勇	激光、γ射线及中子对高温氧化物晶体辐照效应的研究	2004.3.31
李家成	Er^{3+}单掺和Er^{3+}/Yb^{3+}共掺碲钨酸盐玻璃光谱性能研究	2004.3.31
魏　斌	可录数字多用光盘用偶氮染料的制备、性质及其应用研究	2004.3.31
魏劲松	Sb掩膜型超分辨近场光存储技术及机理研究	2004.3.31
周秦岭	飞秒激光照射引起玻璃结构变化的研究	2004.3.31
黄伍桥	可溶性TCNQ酯类衍生物金属复合物	2004.7.31
曾惠丹	飞秒激光空间选择性调控玻璃中金属纳米粒子形成的研究	2004.7.31
黄福新	alfa－取代－beta－二酮类金属配合物的制备及其蓝光存储性质研究	2005.3.31
张德宝	掺铒铝硅酸盐和低硅钙铝硅酸盐玻璃的光谱性质研究	2005.3.31
方　铭	中心孔探测磁超分辨耦合薄膜制备及性能研究	2005.7.29
弓巧侠	丙烯酰胺基光聚物光化动力学及全息存储性能研究	2005.7.29
王现英	高密度磁光存储中膜层的光、热、磁性能研究	2005.7.29
马文波	芴类多光子吸收有机材料的制备与光学及光存储性能研究	2006.7.1
张　锋	超分辨近场结构记录性能与机理研究	2006.7.1
张广军	飞秒激光作用下相变材料结构变化的研究	2006.7.1
周　飞	近场光学数值模拟和扫描近场光学显微镜	2006.7.1

续表

姓名	论文题目	学位授予/毕业日期
瞿青玲	近场超分辨光盘中微纳结构的远场和近场光学性质分析	2007.7.1
高秀敏	蓝光光存储静态测试系统及相位板应用研究	2007.7
焦新兵	基于多层膜结构的超分辨光及磁光记录研究	2009.7.1
翟凤潇	相变薄膜光学性质与光电混合存储特性研究	2010.7.1
顿爱欢	基于相变材料薄膜的激光直写微纳图形结构研究	2011.7.1
黄　欢	皮秒激光作用下相变存储材料的相变动力学研究	2011.7.1
张朱武	不同产地软玉玉石的主成分、微量元素、矿相结构和产地特征研究	2011.7.1
刘　松	便携式X射线荧光光谱仪在科技考古领域中的发展及应用	2011.7.1

干福熹培养博士后名单

姓名	进站	出站	一级学科	二级学科	研究方向
姜复松	1991. 11	1993. 12	材料科学与工程	材料学	新型相变光盘介质材料研究
潘佩聪	1994. 5	1996. 3 退站	材料科学与工程	材料学	新型红外可调谐激光晶体研究
陈　伟	1995. 11	1997. 11	物理学	光学	可调谐激光晶体 Cr，Ca：YAG 和 Ti：Al_2O_3 若干光谱问题
余保龙	1995. 8	1997. 8	物理学	光学	半导体纳米微晶的三阶光学非线性特性
王光斌	1997. 9	1999. 12	材料科学与工程	材料学	新型偶氮染料分子薄膜的光学和存储性质研究
孙洁林	1998. 5	2000. 8	物理学	凝聚态物理	SPM 技术（主要是 AFM 技术）开展光盘信息存储的有关应用研究
谢　泉	1998. 6	2000. 8	材料科学与工程	材料学	CD－RW 相变光盘的靶的制作及相变薄膜的热模拟
赵志伟	1998. 9	2000. 11	材料科学与工程	材料学	新型高功率掺镱激光晶体研究

续表

姓名	进站	出站	一级学科	二级学科	研究方向
曾小青	2000. 12	2003. 2	材料科学与工程	材料学	稀土离子掺杂的复合材料的制备机制、荧光和激光性质研究
邹宇琦	2000. 3	2002. 9	材料科学与工程	材料学	高功率激光晶体 FAP 研究
吴谊群	2000. 8	2002. 1	材料科学与工程	材料物理与化学	新型有机配合物光存储材料的研究
黄明举	2004. 3	2006. 6	光学工程	光学工程	多波长、多层高密度数字全息存储材料与技术研究
王海凤	2004. 5	2004. 9（退站出国）	光学工程	光学工程	光学位相调制超分辨率研究
高洪跃*	2007. 11	2009. 11	物理学	光学	掺液晶光学薄膜作光学调制和显示

* 与复旦大学联合培养的博士后

人名索引

A

B

C

H

J

K

L

图书在版编目(CIP)数据

无怨无悔的选择：干福熹口述自传／干福熹口述；黄振发访问整理. —长沙：湖南教育出版社，2014. 1
（20 世纪中国科学口述史／樊洪业主编）
ISBN 978－7－5355－7957－7

Ⅰ. ①无… Ⅱ. ①干… ②黄… Ⅲ. ①干福熹—自传
Ⅳ. ①K826. 13

中国版本图书馆 CIP 数据核字（2014）第 021129 号

书　　名	20世纪中国科学口述史 无怨无悔的选择——干福熹口述自传
作　　者	干福熹口述　黄振发访问整理
责任编辑	李章书
责任校对	鲍艳玲
出版发行	湖南教育出版社出版发行(长沙市韶山北路 443 号)
网　　址	http：//www. hneph. com　http：//www. shoulai. cn
电子邮箱	228411705@ qq. com
客　　服	电话 0731－85486742　QQ 228411705
经　　销	湖南省新华书店
印　　刷	湖南天闻新华印务有限公司
开　　本	710×1000　16 开
印　　张	17. 5
字　　数	207 000
版　　次	2014 年 1 月第 1 版　2014 年 1 月第 1 次印刷
书　　号	ISBN 978－7－5355－7957－7
定　　价	46. 50 元